Johann Vincent

Identité numérique en contexte télécom

AF198160

Johann Vincent

Identité numérique en contexte télécom

Vers une gestion d'identités sécurisée et respectueuse de la vie privée, centrée sur l'utilisateur

Presses Académiques Francophones

Impressum / Mentions légales
Bibliografische Information der Deutschen Nationalbibliothek: Die Deutsche Nationalbibliothek verzeichnet diese Publikation in der Deutschen Nationalbibliografie; detaillierte bibliografische Daten sind im Internet über http://dnb.d-nb.de abrufbar.

Information bibliographique publiée par la Deutsche Nationalbibliothek: La Deutsche Nationalbibliothek inscrit cette publication à la Deutsche Nationalbibliografie; des données bibliographiques détaillées sont disponibles sur internet à l'adresse http://dnb.d-nb.de.

Coverbild / Photo de couverture: www.ingimage.com

Verlag / Editeur:
Presses Académiques Francophones
ist ein Imprint der / est une marque déposée de
OmniScriptum GmbH & Co. KG
Heinrich-Böcking-Str. 6-8, 66121 Saarbrücken, Deutschland / Allemagne
Email: info@presses-academiques.com

Herstellung: siehe letzte Seite /
Impression: voir la dernière page
ISBN: 978-3-8416-2400-0

Université de Caen Basse-Normandie

École doctorale SIMEM

Thèse de doctorat

présentée et soutenue le : 06/06/2013

par

Johann Vincent

pour obtenir le

Doctorat de l'Université de Caen Basse-Normandie
Spécialité : Informatique et applications

Identité numérique en contexte Télécom

Directeur de thèse : Christophe Rosenberger
Co-directeur de thèse : Marc Pasquet

Jury

Yves Deswarte	Directeur de recherche au CNRS	(Rapporteur)
Maryline Laurent	Professeur à TELECOM SudParis	(Rapporteur)
Pascal Berthomé	Professeur des Universités à l'ENSI de Bourges	
Benjamin Nguyen	Maître de conférences à l'Université de Versailles et Saint-Quentin-en-Yvelines	
Christine Porquet	Maître de conférences à l'ENSICAEN	
Kourosh Teimoorzadeh	Ingénieur chez SFR	
Christophe Rosenberger	Professeur des Universités à l'ENSICAEN	(Directeur de thèse)
Marc Pasquet	Professeur des Universités à l'ENSICAEN	(co-Directeur de thèse)

Remerciements

Je tiens tout d'abord à remercier l'Association Nationale de la Recherche et de la Technologie et la société SFR pour leur soutien financier qui m'a permis de mener à bien cette thèse.

Je remercie également Madame Maryline Laurent, Professeur à TELECOM SudParis et Monsieur Yves Deswarte, Directeur de recherche au CNRS, pour avoir accepté de rapporter cette thèse. Je tiens à remercier Pascal Berthomé, Professeur à l'ENSI de Bourges, Benjamin Nguyen, Maître de conférence à l'université de Versaille St Quentin, Christine Porquet, maître de conférence à l'ENSICAEN et Kourosh Teimoorzadeh ingénieur chez SFR, pour avoir accepté d'examiner ce travail.

Au cours de ma thèse, j'ai travaillé au sein du laboratoire GREYC et de la société SFR. Je remercie donc Mohamed M'Saad, directeur du GREYC[1], Stéphane Roussel, Président Directeur Général de SFR, qui m'ont accueilli pendant ces trois années. Je remercie également l'école doctorale SIMEM[2]. Je remercie chaleureusement Christophe Rosenberger, mon directeur et thèse et Marc Pasquet qui a co-dirigé cette thèse. Je remercie Vianney Elzière et Jean-Yves Poichotte pour m'avoir accueilli au sein de leurs effectifs à la DISAG[3] et DFSI[4] de SFR. Je tiens également à remercier Jean-Philippe Wary, instigateur de cette thèse chez SFR ainsi que Jean-Claude Paillès pour son rôle d'encadrement au GREYC.

Enfin, je remercie tous ceux qui m'ont apporté leur amitié et leur support au cours de ces trois années, notamment les membres de la DREP[5], du SFAMS[6], de l'équipe Monétique et Biométrie du GREYC et de l'équipe DFSI de SFR. Je tiens à remercier tout particulièrement les personnes suivantes :
- Baptiste, "post-doc coffee snob", ami de longue date et camarade de promotion à l'ENSI de Bourges, qui le premier m'a parlé du sujet de thèse et m'a aidé et supporté pendant ces trois années,

---

1. Groupe de REcherche en Informatique, Automatique, et Instrumentation de Caen
2. Structure, Information, Matière et Matériaux
3. Direction Immobilier, Sécurité et Affaires Générales
4. Direction Fraude et Sécurité de l'Information
5. Direction des Relations Entreprises et Partenariats
6. Service des Formations par Alternance et Mastères Spécialisés

– Chrystel, petite soeur d'adoption pour son soutien à tous les niveaux et à qui je souhaite toute la réussite qu'elle mérite pour sa thèse !

– Vincent, gai et fidèle compagnon à qui je veux simplement répondre : une pelle A ROU-LETTES !

– Aude, pour sa naïveté légendaire et sa complète maîtrise du svn,

– Christine, pour sa disponibilité, son aide précieuse et surtout ses corrections sur mon orthographe déplorable d'étranger breton,

– Estelle, pour son aide et les discussions semi-sérieuses,

– Muriel, pour ta bonne humeur et les longues pauses café,

– Titouan, mon neveu qui a eu la bonne idée de naître la dernière année et dont les grimaces m'ont permis d'aborder la dernière ligne droite avec le sourire,

– Les Gingko Biloba avec qui j'ai passé d'excellents moments "comme-même",

– Kourosh, merci d'avoir été plus qu'un simple chef pendant plus de deux années, j'espère que nos chemins se recroiseront,

– Christophe, tu ne dois pas désespérer et t'accrocher, un jour tu passeras sur Rire&Chansons !

Pour finir mes remerciements les plus profonds vont à mes proches qui m'ont encouragés et soutenus. Tout particulièrement à mes parents qui, s'ils sont fiers, doivent surtout être soulagés de voir que j'ai abandonné mes expériences incendiaires au profit de vraies expériences. Enfin, je remercie mes deux petits frères Valentin et Damien qui ont eux aussi été d'un grand support tout au long de cette aventure.

Résumé

Avec l'avènement de l'Internet grand public et des réseaux numériques, de nouvelles transactions ont vu le jour. Ces transactions, dites "électroniques", sont désormais omniprésentes et régissent notre vie quotidienne : accès à des comptes en ligne, envoi d'un SMS ou d'un courriel, paiement sur internet, ...

Dans ce monde interconnecté, le besoin de savoir avec qui ou quoi nous communiquons est devenu indispensable et un nouveau terme "identité numérique" est né. Malheureusement, ce besoin n'a pas été identifié lors de la création des premiers protocoles à la base d'Internet. C'est pourquoi, des solutions de secours ont été développées avec plus ou moins de succès et ont conduit à une explosion de méthodes et outils pour gérer les identités. Cette situation a attiré une population peu scrupuleuse de pirates s'intéressant à ces données d'identification dont la valeur marchande est aujourd'hui non négligeable. La sécurité des identités numériques et la protection de la vie privée de leur porteur apparaissent alors comme un enjeu de tout premier plan.

L'identité numérique apparaît également comme un enjeu stratégique pour un opérateur de télécommunications. En effet, ce dernier a en charge l'acheminement des communications et donc des identités numériques. Il est aussi fournisseur de services et manipule donc un certain nombre d'identités numériques lui-même. L'opérateur est également bien souvent victime des attaques des pirates sur l'identité de ses abonnés, par exemple en cas de vol d'un mobile. Actuellement, les modèles de gestion d'identités sont en plein essor et la position de l'opérateur reste à définir. C'est pourquoi nous proposons dans le cadre de cette thèse de définir l'identité numérique pour un opérateur et de préciser cette position au travers de trois contributions.

Notre première contribution consiste en modèle d'analyse des systèmes de gestion d'identités (SGI). Ce dernier est basé sur une représentation des systèmes de gestion d'identités que nous appelons cartographie des acteurs et des fonctions. Ces dernières reprennent l'ensemble du cycle de vie d'une identité de sa création à sa suppression. Ce modèle nous a permis d'analyser les principaux systèmes de gestion d'identités vis à vis des deux problématiques que sont la sécurité et la protection de la vie privée.

Cette analyse nous a conduit à proposer un SGI centré sur l'utilisateur mettant à profit une application de gestion de l'identité sur smartphone en combinaison avec un composant actif présent un élément sécurisé comme la SIM que nous avons appelé fournisseur d'identités mandataire. Ce dernier permet non seulement le stockage sécurisé des identités mais également leur dérivation afin de permettre une meilleure protection de la vie privée de l'utilisateur.

Enfin la dernière contribution de la thèse consiste en un système de protection de la vie privée sur smartphone sous la forme d'un pare-feu sémantique. En effet, les SGI étudiés, ainsi que celui proposé dans la thèse, permettent de protéger la vie privée lors d'une utilisation explicite de l'identité numérique, par exemple pour réaliser une authentification. Or, la vie privée de l'utilisateur peut être menacée hors de ces phases d'utilisation. Par exemple, l'accès de certaines applications au carnet d'adresse d'un utilisateur constitue une atteinte à sa vie privée mais également à celle des personnes présentes dans ce carnet. Notre système utilise une représentation de l'identité numérique et des politiques de protection sous la forme d'ontologies. L'intérêt de cette proposition est de pouvoir représenter et décrire avec précision la vie privée des utilisateurs de smartphone et de permettre au pare-feu de raisonner sur cette dernière en fonction d'un certain nombre de règles de protection.

Table des matières

Introduction   1

I   Contexte et état de l'art   5

1 Positionnement du problème   7

   1.1   Introduction 7

   1.2   Identité numérique 8

       1.2.1   Identité réelle 8

       1.2.2   Identité en ligne 9

       1.2.3   Identité numérique 9

   1.3   Confiance 11

       1.3.1   Modèles généraux 12

       1.3.2   Confiance basée sur les politiques 13

   1.4   Sécurité 13

       1.4.1   Usurpation d'identité - Authentification 14

       1.4.2   Modification d'identité - Intégrité et Authenticité 14

       1.4.3   Vol d'information - Confidentialité 15

       1.4.4   Élévation de privilèges - Autorisation 15

       1.4.5   Usage d'une identité incorrecte - Révocabilité 16

   1.5   Vie privée 16

       1.5.1   Traçabilité - Inassociabilité 16

       1.5.2   Identification - Anonymat et pseudonymat 17

       1.5.3   Non-répudiation - Répudiation 17

       1.5.4   Détection et observation - Indétectabilité et Inobservabilité 18

       1.5.5   Vol d'information - Confidentialité 18

       1.5.6   Conscience du contenu 18

       1.5.7   Conformité à une politique et au consentement 18

   1.6   Conclusion 19

2 Etat de l'art des systèmes de gestion d'identités   21

2.1   Introduction   21
2.2   Modèles de gestion d'identités   22
       2.2.1   Gestion isolée   22
       2.2.2   Gestion centralisée d'identités   22
       2.2.3   Gestion fédérée d'identités   25
       2.2.4   Gestion centrée sur l'utilisateur   27
       2.2.5   Discussion   29
2.3   Protocoles et langages pour la gestion d'identités   30
       2.3.1   OpenID   30
       2.3.2   OAuth   32
       2.3.3   SAML2   33
       2.3.4   WS-*   37
       2.3.5   Discussion   42
2.4   Gestion d'identités en contexte télécom   42
       2.4.1   L'opérateur en tant que fournisseur de services   43
       2.4.2   L'opérateur en tant que fournisseur d'identités techniques   43
       2.4.3   Discussion   45
2.5   Conclusion   46

II Propositions   **47**

**3   Modèle d'analyse des systèmes
     de gestion d'identités**   **49**
3.1   Introduction   49
3.2   État de l'art des méthodes d'analyse   50
       3.2.1   Approche orientée but et agent   50
       3.2.2   Approches basées sur les arbres d'attaques   51
       3.2.3   Discussion   51
3.3   Cartographie des acteurs et des fonctions pour la gestion d'identités numériques   51
       3.3.1   Les acteurs   52
       3.3.2   Les fonctions   53
       3.3.3   Cartographie complète   54
3.4   Évaluation de la sécurité et de la protection de la vie privée   56
       3.4.1   Modèle général   56
       3.4.2   Évaluation d'un SGI   56
       3.4.3   Illustration sur une fonction   57
       3.4.4   Récursivité   57
3.5   Illustration de la méthodologie   59
       3.5.1   OpenId   59
       3.5.2   Oauth   62

        3.5.3   Shibboleth (Web SSO & SAML2)   68
        3.5.4   Infocard (WS-*)   70
        3.5.5   U-Prove   75
        3.5.6   Résultats   79
        3.5.7   Discussion   80
    3.6 Conclusion   80

4 Système de gestion d'identités mobile centré sur l'utilisateur   85
    4.1 Introduction   85
    4.2 Architecture   86
        4.2.1   Modèle général   86
        4.2.2   Fournisseur de services   87
        4.2.3   Sélecteur d'identités   91
        4.2.4   Fournisseur d'identités mandataire   94
    4.3 Validation de la solution proposée   96
        4.3.1   Évaluation   96
        4.3.2   Comparaison   97
    4.4 Implémentation   99
        4.4.1   Fournisseur de services 100
        4.4.2   Application mobile 102
        4.4.3   Fournisseur d'identités mandataire 104
        4.4.4   Perspectives d'amélioration 105
    4.5 Conclusion 107

5 Utilisation des ontologies pour la protection de la vie privée   109
    5.1 Introduction 109
    5.2 État de l'art de la protection de la vie privée sur smartphone 110
        5.2.1   Protections natives des systèmes 111
        5.2.2   Protections additionnelles 113
        5.2.3   Modélisation des politiques de protection de la vie privée 115
    5.3 Les standards du Web sémantique 118
        5.3.1   RDF 119
        5.3.2   RDFS 120
        5.3.3   OWL 120
        5.3.4   SPARQL 121
        5.3.5   Règles 122
    5.4 Pare-feu sémantique 122
        5.4.1   Architecture d'aide à la décision basée sur des ontologies 122
        5.4.2   Protection de la vie privée à l'aide d'ontologies 126
        5.4.3   Implémentation 129
    5.5 Résultats et discussion 132

5.5.1 Expérimentations sur l'application mobile 133

5.5.2 Discussion 136

5.6 Conclusion 137

Conclusions et perspectives   **139**

Publications de l'auteur   **143**

Bibliographie   **145**

Annexe   **155**

A Liste des 36 fonctions de la cartographie   **157**

B Ontologie de l'identité numérique sur smartphone   **163**

Liste des abréviations   **165**

Table des figures   **167**

Liste des tableaux   **171**

Introduction

« They who can give up essential liberty to obtain a little temporary safety, deserve neither liberty nor safety. »

Benjamin Franklin

Position du problème

Dans la société actuelle, l'informatique est devenue primordiale. Que ce soient les collectivités, les administrations, les entreprises ou les particuliers, tous les acteurs utilisent aujourd'hui les systèmes d'information. Ces derniers permettent de gérer les emplois du temps, les commandes, les clients, les données ou encore les employés. Pour accéder à ces systèmes d'information, l'ordinateur n'est plus le seul moyen, de plus en plus de terminaux comme les téléphones mobiles, les appareils photos, les GPS disposent de connectivités avancées. Avec l'augmentation du nombre de terminaux connectés et l'évolution des services en ligne, le besoin de savoir avec qui ou quoi nous communiquons est devenu rapidement indispensable et un nouveau terme : l'identité numérique est né.

A l'origine, ce besoin n'a pas été identifié lors de la création des premiers protocoles réseau à la base d'Internet. C'est pourquoi, des solutions de secours ont été développées avec plus ou moins de succès et ont conduit à une explosion de méthodes et outils pour gérer les identités. Cette situation a attiré une population peu scrupuleuse de pirates s'intéressant à ces données d'identification dont la valeur marchande est aujourd'hui non négligeable. Un exemple classique d'attaque sur l'identité est la technique dite de hameçonnage (phishing) où un pirate va usurper l'identité d'un site commercial ou d'une banque afin de voler les identités des utilisateurs et ensuite réutiliser ces dernières sur les sites légitimes. La sécurité des identités numériques et la protection de la vie privée de leur porteur apparaissent alors comme un enjeu de tout premier plan dans le monde interconnecté d'aujourd'hui.

L'identité numérique apparaît également comme un enjeu stratégique pour un opérateur de télécommunications. En effet, il est le support pour tous ces services, il a en charge l'acheminement des communications et donc des identités numériques. Il est aussi fournisseur de services et

1

manipule donc également un certain nombre d'identités numériques lui-même. Enfin, l'opérateur est bien souvent victime des attaques des pirates sur l'identité de ses abonnés, par exemple en cas de vol d'un téléphone mobile. Actuellement, les modèles de gestion d'identités sont en plein essor et la position de l'opérateur reste à définir. C'est pourquoi nous proposons dans le cadre de cette étude de préciser cette position au travers de trois contributions : un modèle d'analyse des systèmes de gestion d'identités, un nouveau système de gestion d'identités centré sur l'utilisateur ainsi qu'un moyen pour ce dernier de protéger sa vie privée. Le principal but de la thèse consiste à positionner les usagers au centre des services proposés par les fournisseurs de services, plus exactement, en tant qu'acteurs principaux pour la protection de leurs données sensibles et à caractère privée. En choisissant de fournir à l'utilisateur les moyens de gérer ses identités et de la protéger, nous proposons ici un changement de paradigme où la sécurité n'est plus uniquement gérée par l'opérateur mais également par l'utilisateur.

Contexte de réalisation de la thèse

Cette thèse a été financée par le biais d'une convention CIFRE établie entre le laboratoire GREYC et la société SFR. Elle a été effectuée au sein de la Direction Immobilier, Sécurité et Affaires Générales (DISAG) dirigée par Vianney Elzière et plus particulièrement la Direction Fraude et Sécurité de l'Information (DFSI) dirigée par Jean-Yves Poichotte.

Contributions

L'objectif de ce manuscrit est de présenter les travaux effectués au cours des trois années de thèse au regard de la problématique énoncée. L'objectif de cette thèse est la définition de l'identité numérique et l'élaboration d'un modèle de gestion d'identités adapté au contexte télécom. Pour y parvenir, nous avons dans un premier temps réalisé un état de l'art des modèles et technologies de gestion d'identités. Notre première contribution a été de proposer un modèle d'analyse et de comparaison des systèmes existants afin d'identifier un certain nombre de besoins sur lesquels un opérateur pourrait intervenir. Nous avons inclus dans notre modèle d'analyse plusieurs hypothèses de sécurité et de protection de la vie privée de l'utilisateur afin de pouvoir comparer les systèmes existant selon leur respect de ces hypothèses.

Les résultats de la comparaison nous ont conduits à proposer un système de gestion d'identités novateur centré sur l'utilisateur dans lequel l'opérateur joue le rôle d'un acteur de confiance. Ce rôle est notamment assuré au travers de l'utilisation active d'un élément sécurisé comme la carte SIM [7] mais également par la fourniture d'une application de gestion de l'identité. L'élément sécurisé permet de stocker l'identité numérique et de la modifier pour permettre une gestion plus fine alors que l'application de gestion fait le lien entre l'élément sécurisé et les différents fournisseurs de services.

---

7. De l'anglais Subscriber Identity Module

Au cours de notre étude, nous avons également identifié d'autres besoins pour permettre à l'utilisateur de non seulement contrôler ses identités numériques mais aussi de les protéger. En effet, l'accès à l'identité numérique d'un utilisateur n'est pas toujours faite de manière explicite, comme en cas d'authentification, mais peut également avoir lieu à son insu. Dans ce cas, la vie privée de l'utilisateur est menacée. Notre dernière contribution a donc été de proposer un système de protection novateur permettant non seulement de décrire un concept aussi abstrait que la vie privée mais aussi de détecter des atteintes à cette dernière via l'accès à certaines données. Ces dernières peuvent être les données techniques (ex. champ protocolaire), les données privées (contenu) ou les données sensibles (contenu). Dans certains contextes, une donnée technique comme une adresse IP peut représenter un caractère sensible comme par exemple la géolocalisation de l'utilisateur, d'où l'importance de l'implication des usagers dans la définition et dans la protection de leurs données sensibles : quel niveau d'autorisation pour quel type de donnée et dans quel contexte ? Une des contributions majeures à cet axe de la thèse a été l'utilisation des technologies et outils du Web sémantique pour implémenter un pare-feu sémantique capable d'intercepter les requêtes faites à l'identité numérique.

Organisation du manuscrit

Le premier chapitre constitue le positionnement du problème de cette thèse.

Le chapitre 2 présente l'état de l'art de l'identité numérique et des systèmes de gestion d'identités (SGI). Dans cet état de l'art, nous définissons l'identité numérique et présentons les problématiques qu'elle couvre, à savoir la sécurité et le respect de la vie privée. Nous présentons ensuite les modèles de gestion d'identités en les classant selon trois types : centralisés, distribués et centrés sur l'utilisateur. Enfin, nous présentons les protocoles et langages informatiques associés à la gestion d'identité.

Le chapitre 3 présente une première contribution sous la forme d'une méthode d'analyse des systèmes de gestion d'identités. Elle consiste en l'utilisation d'une cartographie des acteurs et des fonctions qui permet la représentation et la comparaison des SGI au regard des problématiques que sont la sécurité et la protection de la vie privée.

Le chapitre 4 présente les travaux que nous avons menés sur un système novateur de gestion d'identités. Ce dernier est centré sur l'utilisateur et introduit l'utilisation d'une application sur mobile couplée à une application présente dans un élément sécurisé telle la SIM.

Le chapitre 5 présente les efforts réalisés sur une fonction précise de la cartographie qui concerne la protection de la vie privée au sein du terminal de l'utilisateur. Nous présentons ici, notre vision d'un pare-feu sémantique utilisant des ontologies pour conduire un raisonnement et autoriser ou interdire l'accès à l'identité numérique.

Enfin, la conclusion présente le bilan des travaux ainsi que les perspectives ouvertes par cette thèse.

Première partie

Contexte et état de l'art

Chapitre 1

Positionnement du problème

Cette thèse aborde la problématique de l'identité numérique pour un opérateur de télécommunications. Ce chapitre définit les différents termes utilisés dans la suite du document. Dans un premier temps, nous donnons une définition précise de l'identité numérique. Ensuite, le problème plus global de la confiance entre les entités est abordé. Enfin, deux problématiques spécifiques à l'identité numérique : la sécurité et la protection de la vie privée sont présentées et pour chacune un ensemble de termes est défini.

Sommaire

1.1	Introduction	7
1.2	Identité numérique	8
1.3	Confiance	11
1.4	Sécurité	13
1.5	Vie privée	16
1.6	Conclusion	19

1.1 Introduction

L'IDENTITÉ réelle d'un individu est une vaste notion qui fait intervenir les domaines de la psychologie, de la biologie et de la philosophie. Avec l'évolution rapide des technologiques des télécommunications, un nouveau domaine d'étude est apparu. Le terme "identité numérique" a été choisi pour faire le lien entre entité réelle et entité virtuelle.

Les technologies mises en oeuvre pour la gestion de ces identités numériques sont constituées d'un ensemble d'éléments logiciels et matériels. Le projet FIDIS [1] classifie ces systèmes de gestion d'identité (SGI) en trois types :

- Type 1 : SGI pour la gestion de comptes (authentification, autorisation, ...)
- Type 2 : SGI pour l'établissement de profils

7

– Type 3 : SGI personnel pour la gestion des rôles et pseudonymes
Chacun de ces types de SGI adresse les problématiques de l'identité numérique différemment et
utilise des modèles et des protocoles différents. Afin de réaliser un état de l'art de ces systèmes,
nous allons commencer par formaliser les éléments qui vous nous permettre de comparer ces
systèmes.

L'objectif de ce chapitre est donc de poser les définitions de l'identité numérique et de
formaliser la définition que nous allons suivre dans le manuscrit. Dans un second temps, nous
présentons les définitions en rapport avec les deux principales problématiques soulevées par
l'identité numérique. Nous commençons par présenter les principales menaces et propriétés de
sécurité attendues puis nous présentons les menaces et propriétés liées à la vie privée.

1.2   Identité numérique

1.2.1   Identité réelle

Pour définir l'identité numérique, il convient d'abord de distinguer le monde réel des personnes du monde abstrait des systèmes d'information. Pour Roger Clarke [2] : "Une identité
existe dans le monde réel et non sur les disques durs. C'est une présentation ou un rôle d'une
entité sous jacente"[1]. Pour lui, une entité peut représenter une personne physique, une personne
légale (une entreprise, une association, . . .) ou encore un objet (un ordinateur, un téléphone
portable, . . .). Une entité peut posséder plusieurs identités, en fonction du rôle qu'elle joue.
Par exemple, une personne peut posséder une identité associée à son rôle professionnel de
salarié et une identité plus personnelle de parent dans son foyer. Les objets possèdent également
plusieurs identités en fonction de leur rôle, un ordinateur va par exemple changer d'identité
selon les programmes qu'il exécute. Une entité est parfois appelée sujet[2] [3, 4] à l'instar du sujet
grammatical qui joue un rôle ; dans cet état de l'art, nous utilisons indistinctement entité et sujet.

Chaque entité possède des attributs : un téléphone mobile par exemple, dispose d'une quantité
de mémoire limitée, d'un écran tactile ou d'une connectivité WiFi. De même, les êtres humains
possèdent des attributs comme la taille, le poids ou le sexe. Les identités possèdent également
des attributs, par exemple un ID utilisateur ou l'identifiant de processus[3] sur un ordinateur.
Certains de ces attributs sont communs entre les entités. Par exemple, tous les téléphones
mobiles correspondant à un modèle donné possèdent les attributs associés à ce modèle et il existe
également plusieurs personnes ayant le même poids ou mesurant la même taille. Cependant,
certains attributs sont uniques comme les empreintes digitales, l'ADN ou encore le numéro de
série d'un téléphone. Ces attributs uniques sont appelés identifiants [5] [6] [7], ils permettent
d'identifier de manière unique une entité ou un groupe d'entités à l'intérieur d'un ensemble

---

1. Traduit de l'anglais : An identity exists in the real world, not on disk drives. It is a presentation or role of
some underlying entity.
2. Digital Subject
3. Process ID

d'entités.

La notion d'identification est au centre même des définitions données à l'identité ; ainsi, le comité ISO JTC 1/SC 27 WG5 (ISO/IEC FCD 29100) la définit comme étant "un ensemble d'attributs qui rend possible l'identification de leur porteur". Cela signifie qu'une entité possède un sous ensemble d'attributs unique qui permet de la distinguer parmi d'autres entités. FIDIS [3] précise également que par cette définition, l'identité dépend forcément d'un observateur qui va conduire l'action d'identification. Par exemple, un numéro de badge dans une entreprise va permettre à la personne chargée de l'accueil d'identifier un employé alors que ce même numéro n'indiquera rien à quelqu'un d'extérieur à la société.

1.2.2 Identité en ligne

Dans un système d'information, et en particulier sur les réseaux sociaux, un individu est souvent représenté par ce que l'on appelle des personas ou avatars. Ces avatars permettent par exemple de contribuer à un journal en ligne ou de passer des enchères sur Internet. L'identité de ces avatars, c'est à dire leur présentation ou rôle, est souvent appelée en France identité numérique. Au regard de la définition énoncée précédemment, cette identité dite numérique représente en fait l'identité de l'entité persona ou avatar. La définition anglo-saxonne parle dans ce cas d'une identité en ligne ou d'identité sur Internet[4] et ses enjeux sont avant tout sociologiques [8]. Dans [3], les auteurs proposent une classification de cette identité en ligne en suivant les facteurs des technologies d'authentification usuelles [9] auxquelles est ajouté un quatrième facteur.

1. Ce que vous **savez** : Celui qui est en relation avec des amis sur Facebook.

2. Ce que vous **avez** : Celui qui possède ce téléphone portable.

3. Ce que vous **êtes** : Celui qui est un avatar dans un jeu en ligne.

4. Ce que vous **faites** : Celui qui passe des enchères sur Ebay, celui qui est recruteur sur Linkedin.

La figure 1.1 présente, à titre d'exemple, trois identités en ligne d'un individu en suivant cette classification. Cette identité en ligne représente l'image sociale ou la E-réputation d'un individu sur Internet. Ce point relevant de la sociologie, son étude ne sera pas plus approfondie dans cet état de l'art. Cependant, l'identité en ligne, de par sa définition, est liée à un individu et pose donc la problématique du respect de la vie privée de ce dernier. Cette problématique pour l'identité numérique est détaillée dans la section 1.2.3.

1.2.3 Identité numérique

A l'instar des identités du monde réel, les identités des personas possèdent un certain nombre d'attributs qui sont représentés dans les systèmes d'information par des enregistrements. Comme dans le monde réel, certains de ces enregistrements permettent à un observateur

---

4. Traduit de l'anglais : Online identity

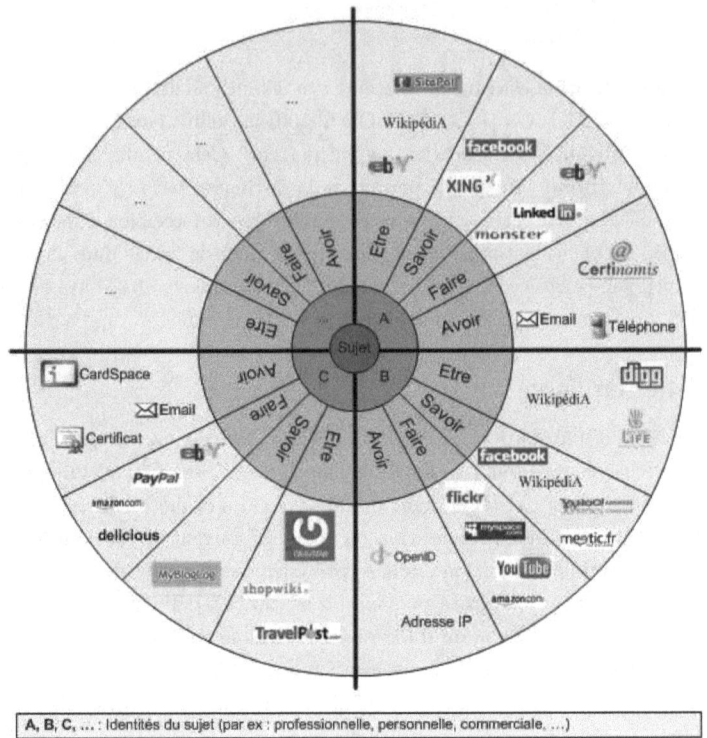

FIGURE 1.1 – Représentation de l'identité en ligne

de distinguer deux identités entres elles, ces enregistrements spécifiques sont alors également appelés identifiants. Dans la littérature, on appelle un ensemble d'enregistrements : identité numérique. Dans ses lois de l'identité [10], Kim Cameron étend la notion d'attributs pour une identité en introduisant la notion de "revendications"[5] à l'intérieur desquelles sont inclus les attributs. Ces revendications permettent notamment d'exprimer la dérivation des attributs comme l'âge à partir de l'attribut date de naissance. Le tableau 1.2 détaille la classification des revendications. Cameron donne la définition suivante à l'identité numérique : un ensemble de revendications faites par un sujet numérique à propos de lui-même ou d'un autre sujet numérique[6]. Dans la suite de cette thèse, c'est cette définition de l'identité numérique qui prévaudra.

L'identité numérique étant un ensemble de revendications, on peut écrire :

$$id = \{c_1, c_2, \ldots, c_n\}$$

où c_i représente une fonction f_i des attributs $\{a_1, \ldots, a_m\}$ de l'entité désignée. Par exemple, si on

---

5. Traduit de l'anglais : Claims
6. Traduit de l'anglais : A set of claims made by one digital subject about itself or another digital subject.

Type de revendications	Commentaires	Exemples
Statiques	Attributs classiques d'une entité, statiques pour une période donnée	Identifiant entreprise, nom, date de naissance
Relationnelles	Le sujet est en relation avec un autre sujet	Membre d'un groupe, assistant de la direction, parent
Dérivées	Revendications contenant le minimum d'information obtenue en dérivant des éléments factuels sans les fournir	Age supérieur à 18 ans, étudiant à l'université
Capacités	Liées à une tierce partie, elles décrivent les capacités du sujet pour cette autre partie, c'est un cas particulier de revendications dérivées.	Peut lire le calendrier, interdit d'écriture sur un répertoire
Contextuelles	Variables en fonction du contexte, ces revendications servent à évaluer la sécurité	Type de technologie d'authentification, localisation, date

FIGURE 1.2 – Classification des revendications [4]

considère un individu possédant les trois attributs suivants $\{Nom, Prenom, DateDeNaissance\}$ et que cet individu souhaite utiliser une identité présentant les deux revendications $c_1 : Nom$ et $c_2 : ge > 18$, cette dernière s'écrira :

$$id = \{f_1(Nom), f_2(DateDeNaissance)\}$$

$$\text{avec} \begin{cases} f_1(Nom) = & Nom \\ f_2(DateDeNaissance) = & Age > 18 \end{cases}$$

La définition de Cameron est intéressante car les revendications introduisent la problématique de la sécurité de l'identité numérique. En effet, les revendications sont considérées comme étant douteuses. Cela implique qu'un observateur qui souhaiterait identifier une entité doit vérifier l'origine et l'intégrité des revendications émises à propos de cette entité ainsi que le niveau de confiance qu'il accorde à ces dernières. Dans la section suivante, nous étudions ce que signifie la confiance dans ce contexte.

1.3 Confiance

COMME pour l'identité, de multiples définitions de la confiance existent [11, 12]. Pour Mui et al. [13], la confiance est une attente subjective d'un agent à propos du comportement futur d'un autre agent basée sur l'historique de leurs relations. De leur côté, Grandison et Sloman [14] introduisent la notion de contexte et de compétences. Pour eux, la confiance est la croyance

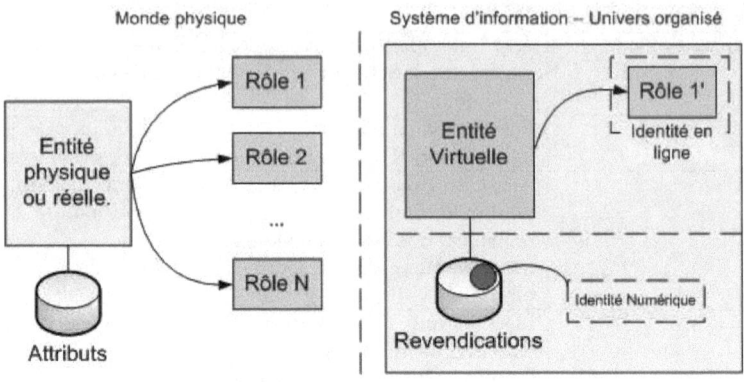

FIGURE 1.3 – Représentation des types d'identités

ferme en la compétence d'une entité pour agir de manière sûre, sécurisée et fiable dans un contexte donné. Enfin, une troisième définition a été donnée par Olmedila [15]. La confiance qu'a une entité A en une entité B pour un service X est la croyance mesurable que A possède du fait que B agisse de manière sûre pour une certaine période et pour un contexte donné (en relation avec le service X).

1.3.1 Modèles généraux

Plusieurs travaux ont également été conduits quant à la formalisation de la confiance et à l'expression des propriétés attendues lors de l'établissement d'une relation de confiance. Dans [16], les auteurs présentent quatre propriétés qui sont : la compétence (habilité à donner des informations correctes), la bienveillance, l'intégrité et la prédictibilité. La prédictibilité est parfois omise comme c'est le cas dans [17]. La confiance doit aussi être séparée de la notion de réputation. A cet effet, dans [13], Mui et al. proposent une méthode pour déduire la confiance à partir de la réputation. Dans [12], Jøsang et al. présentent les différentes méthodes pour calculer la réputation. Pour la confiance, les travaux de Marsh [18] sont considérés comme étant les premiers à formaliser la confiance et à proposer une méthodologie pour calculer une valeur de confiance entre $[-1, 1]$ à partir d'un ensemble de variables. Pour Marsh, une confiance absolue, à savoir un score de 1, n'est pas possible, de même qu'une défiance absolue (-1). A partir de là, Marsh a identifié trois types de confiance :
– basique, dans tous les contextes,
– générale, entre deux personnes dans tous les contextes,
– situationnelle, entre deux personnes dans un contexte donné.
En outre, les travaux de Marsh ont permis d'isoler la notion de temps comme très importante pour les variables utilisées dans le calcul de la confiance. Une autre approche de la formalisation de la confiance repose sur la théorie des jeux. Un exemple classique de jeu de confiance se retrouve dans le "dilemme du prisonnier". Les travaux utilisant des jeux ont été menés notamment par

Buskens dans [19] où est proposée une mesure de la confiance à partir du graphe d'un réseau social. Les travaux de Brainov et Sandholm [20], également basés sur la théorie des jeux, ont par ailleurs montré que l'utilité est maximale lorsque le niveau de confiance est équivalent. En parallèle de ces modèles généraux, sont apparus des modèles spécifiques destinés à établir une relation de confiance. En particulier, dans le domaine de la sécurité informatique, la confiance est basée sur des politiques de sécurité.

1.3.2 Confiance basée sur les politiques

Dans ce modèle[7], une entité va se baser sur des politiques pré-écrites pour décider de faire confiance à une autre. Pour savoir quelle politique appliquer, l'entité va se baser sur une identité qui lui aura été fournie. Un des problèmes soulevé dans la littérature à ce sujet est l'impact sur la vie privée d'une telle approche. En effet, fournir des éléments d'identité pour établir la confiance suppose de perdre le contrôle sur ces éléments. Des solutions comme TrustBuilder [21] fournissent des mécanismes pour pallier ce problème. Cette solution suppose également la transitivité de la confiance. Si A fait confiance à l'identité de B et que B fait confiance à l'identité de C alors A peut faire confiance à l'identité C. Des systèmes comme PeerTrust [22], PROTUNE [23] ou encore le langage RT_0 [24] sont capables de prendre en compte et gérer ce chaînage d'identités. De même, plusieurs langages et modèles existent pour exprimer les politiques de confiance. Un effort est notamment fait du côté du Web sémantique pour proposer des modèles et langages adaptés à l'expression de politiques. Dans [25], Tonti et al. comparent trois approches pour exprimer des politiques. Ils présentent notamment deux approches dédiées à la confiance : Rei proposé par Kagal et. al [26] et KAoS proposé par Uszok et al. [27] tous les deux basés sur les ontologies.

1.4 Sécurité

COMME nous venons de le voir, une identité n'existe que si elle est observée par une tierce partie. Pour une identité numérique, cette observation s'appuie sur les revendications et ces dernières sont considérées comme douteuses tant que l'observateur n'a pas confirmé leur véracité. L'identité numérique est, à l'instar de l'identité réelle, sujette à un certain nombre de menaces qui peuvent influer sur l'établissement de cette vérité par l'observateur. Dans le monde réel, on peut évoquer l'utilisation de faux papiers, de déguisements susceptibles de modifier le jugement de l'observateur. Dans cette partie, nous revenons sur les principes généraux de la sécurité informatique et présentons les principales menaces pour l'identité ainsi que les propriétés de sécurité attendues pour se prémunir contre ces menaces.

---

7. Policy-based trust

1.4.1   Usurpation d'identité - Authentification

La première menace à l'encontre de l'identité numérique est l'usurpation d'identité par un attaquant. Celui-ci va présenter les revendications d'un individu légitime à un observateur afin de se faire passer pour lui. Cette menace est détaillée dans [28] ou [29] et concerne de plus en plus de monde. Une illustration classique de cette menace est la technique de hameçonnage ou phishing. Tout d'abord, l'attaquant va créer un site Internet imitant un site honnête et va inviter les utilisateurs à se connecter avec leurs identités numériques et dans un second temps utiliser les identités ainsi récoltées sur le site légitime.

La propriété de sécurité qui permet de se protéger de l'usurpation d'identité est **l'au-thentification**. Cette propriété est définie dans de nombreux standards liés à la sécurité. L'authentification consiste à vérifier l'identité d'une entité ayant accès au système d'information. Pour faire cette vérification, trois ou quatre classes sont définies : ce que l'entité connaît, ce que l'entité possède et ce que l'entité est ou fait. Pour authentifier une identité numérique, un sous-ensemble des revendications la composant doit faire partie d'une de ces classes. Pour la classe de connaissance par exemple, une des revendications peut contenir un mot de passe ou un code PIN. De même, pour la classe de possession, l'identité contiendra des données relatives à un certificat numérique, à une carte à puce, un téléphone ou une carte d'identité. Enfin, les revendications peuvent contenir des données biométriques comme les empreintes digitales, l'iris, le visage ou encore la dynamique de frappe au clavier qui sont des données propres à chaque individu. L'authentification dépendra alors de la confiance qu'a un observateur dans ces revendications. Lorsque des revendications font partie d'au moins deux des classes d'authentification, on parle d'authentification forte. Le niveau 4 des recommandations du NIST [30] impose par exemple la possession d'un jeton cryptographique pour assurer une authentification forte. On constate que l'identité numérique est une réponse directe à la propriété d'authentification.

1.4.2   Modification d'identité - Intégrité et Authenticité

Pour établir la confiance, l'observateur doit être certain qu'un attaquant n'ait pu modifier les revendications fournies par l'entité à identifier. Imaginons par exemple, un site de vente réservé aux personnes majeures. Un attaquant pourrait modifier la revendication concernant son âge afin de passer les contrôles d'accès. La propriété **d'intégrité** permet de se prémunir contre ce genre d'attaque en s'assurant qu'une donnée n'ait pas été modifiée entre le moment où elle est lue (observée) et où elle a été émise. Pour assurer l'intégrité d'une donnée, plusieurs standards sont disponibles ; l'ISO/IEC9797-2 définit par exemple trois algorithmes MAC[8] basés sur les fonctions de hachage, c'est aussi le cas de la RFC2104[31]. Le principe général est basé sur l'utilisation d'une clé secrète partagée entre l'émetteur et le destinataire d'un message. L'algorithme va calculer ce que l'on appelle un MAC du message à partir de cette clé secrète et

---

8. Message Authentication Code

le joindre au message envoyé. Le récepteur va lui même recalculer le MAC à partir du message reçu et de la clé secrète. Si les deux MAC, celui reçu et celui calculé, sont identiques, le récepteur est assuré de l'intégrité du message et de son authenticité puisque seul l'émetteur dispose de la clé secrète employée. Dans le cas où le message contient une identité numérique, c'est-à-dire un ensemble de revendications, le destinataire est assuré de l'intégrité de l'identité et du fait qu'elle a bien été envoyée par une entité disposant de la clé secrète. L'ANSSI préconise l'utilisation de SHA-256 comme fonction de hachage.

En plus de garantir l'intégrité, ces méthodes permettent de valider **l'authenticité** des revendications fournies. Pour s'assurer de cette propriété, lorsqu'aucune clé n'a été négociée entre l'entité possédant son identité et l'observateur, les techniques de signature électronique sont utilisées. Introduites par Diffie et Hellmann dans [32], la signature électronique fait appel à la cryptographie asymétrique. Dans ce modèle, chaque entité possède un couple de clés privée-publique. La clé privée est alors utilisée pour signer les documents tandis que la clé publique est utilisée pour vérifier la signature. La norme ISO 9796-2 :2010 définit par exemple trois algorithmes de signature électronique. De son coté l'ANSSI, conseille l'utilisation de RSA-SSA-PSS [9] et ECDSA à base de courbes elliptiques.

1.4.3 Vol d'information - Confidentialité

Une autre menace qui vise l'identité est le vol d'information. Nous avons défini l'identité comme un ensemble de revendications à propos d'un sujet. Ces revendications sont bien souvent des informations sensibles, c'est le cas par exemple d'un mot de passe. La propriété de **confidentialité** permet de s'assurer que seules les entités autorisées ont accès à l'information. Pour permettre la confidentialité des données, il existe deux familles d'algorithmes de chiffrement. Le chiffrement symétrique est basé sur le principe du partage d'une clé secrète entre deux participants. Pour réaliser un chiffrement symétrique, l'ANSSI conseille l'utilisation de l'algorithme AES [33] avec une taille de clé comprise entre 100 et 128 bits. L'autre famille est celle des algorithmes asymétriques dont le principe a été exposé dans le paragraphe précédent. Pour faire du chiffrement, l'ANSSI préconise l'utilisation de RSAES-OAEP.

1.4.4 Élévation de privilèges - Autorisation

L'identité numérique telle que nous l'avons définie aborde également la propriété **d'autorisation**. En effet, les revendications classifiées comme capacités sur le tableau 1.2 expriment ces autorisations. C'est par exemple le cas dans les modèles classiques de contrôle d'accès [34]. La menace liée à cette propriété s'appelle l'élévation de privilège. Un attaquant va chercher à modifier une de ses revendications de type capacité pour obtenir un droit qu'il ne possède pas. Par exemple, il va vouloir transformer la revendication "peut lire un fichier système" en "peut lire et écrire un fichier système".

---

9. RSA Signature Scheme with Appendix, Provably Secure encoding method for digital Signatures

1.4.5 Usage d'une identité incorrecte - Révocabilité

A l'instar d'une entité réelle, certains attributs d'une entité virtuelle sont soumis à des changements au cours du temps. Par exemple, l'adresse postale d'une personne peut évoluer (déménagement) et ses droits d'accès à un système peuvent être amenés à changer (mutation, fin de contrat). Lorsque l'identité numérique est utilisée pour accéder à des informations sensibles, il devient important de permettre la révocabilité de cette dernière pour empêcher son utilisation frauduleuse. Cela suppose premièrement que toute identité numérique ne soit valable que pour une durée précise et deuxièmement, qu'un mécanisme existe pour empêcher l'utilisation d'une identité révoquée auprès d'un observateur. Cette dernière propriété est surtout importante pour protéger un individu en cas de vol d'identité.

1.5 Vie privée

L A vie privée, comme l'identité, est un concept social et culturel et qui se rapproche du concept de liberté individuelle énoncé dans la déclaration universelle des droits de l'homme. A.F. Westin [35] en donne la définition suivante : "La vie privée est la revendication pour un individu, un groupe d'individus ou des institutions à déterminer pour eux-mêmes quand, comment et pour quelle raison une information à leur propos est communiquée à un tiers. Du point de vue de la relation entre un individu et la société, la vie privée constitue le retrait volontaire et temporaire d'une personne à la vie sociale par des moyens physiques ou psychologiques, soit dans un état de solitude, dans un petit groupe d'intimes ou en étant anonyme au sein de groupes plus importants". Pour garantir ce droit dans le monde abstrait des systèmes d'informations, les législations ont cherché à protéger les données personnelles des individus, c'est le cas notamment avec la directive européenne 95/46/CE [36]. Ce droit permet à un individu de contrôler, modifier voire supprimer toute donnée personnelle. Or telle que nous l'avons définie, l'identité numérique consiste justement en un ensemble de données relevant de ce droit. L'identité numérique doit donc être protégée face à un certain nombre de menaces faites à la vie privée de l'entité qu'elle désigne. Dans cette partie, nous présentons ces menaces et les concepts associés. Ces concepts ont été principalement proposés par D.J. Solove [37, 38], par A. Pfitzmann et Hansen [7] ainsi que par M. Deng [39]. Les traductions françaises des termes sont proposées par Y. Deswarte dans [7].

1.5.1 Traçabilité - Inassociabilité

L'inassociabilité [10] consiste à cacher le lien qui existe entre deux ou plusieurs entités. Pfitzmann et Hansen [7] définissent cette propriété ainsi : "l'inassociabilité entre au moins deux éléments d'intérêt (sujets, messages, actions, ...) du point de vue d'un attaquant signifie qu'à l'intérieur d'un système (en compromettant ces éléments et en ayant la possibilité d'en compro-

_____
10. Traduit de l'anglais : Unlinkability

mettre d'autres) l'attaquant ne puisse suffisamment distinguer si ces éléments sont liés". Cela signifie par exemple, que si un individu dispose de plusieurs identités numériques sur un système, un attaquant ne pourra pas établir de lien entre ces identités. De même, si les deux identités de l'individu sont présentes sur deux systèmes différents, un attaquant ayant compromis les deux systèmes ne pourra établir de lien entre ces deux identités.

1.5.2 Identification - Anonymat et pseudonymat

Paradoxalement, il existe un risque associé à l'identité numérique concernant l'identification de l'individu qu'elle désigne. En effet, nous avons vu dans la partie "Définitions" qu'un individu pouvait posséder plusieurs identités numériques. Si certaines revendications de ces identités peuvent reprendre des éléments permettant d'identifier une personne dans le monde réel (son nom, son adresse, ...), cette dernière peut aussi choisir d'utiliser des revendications dites anonymes qui ne permettent pas de l'identifier au sein d'une population. Ainsi, Pftizmann et Hansen [7] définissent : "l'anonymat d'un sujet du point de vue de l'attaquant signifie que ce dernier ne peut pas suffisamment identifier le sujet au sein d'un ensemble de sujets, l'ensemble d'anonymat". Comme ils le précisent, le terme "suffisamment" indique qu'il existe un seuil à partir duquel l'anonymat est levé.

Pour l'identité numérique, la notion de k-anonymat définie par Sweeney [40] et approfondie par Ciriani et al. [41] permet d'expliciter ce seuil. La propriété de k-anonymat demande qu'aucun des enregistrements d'une table de base de données ne soit caractéristique de moins de k individus. Cette définition se base sur l'entropie d'un message définie par Shannon [42].

Un pseudonyme va constituer une identité numérique qui va permettre à un individu de se construire une réputation sur des services en ligne comme les réseaux sociaux, les blogs ou encore sur des encyclopédies en ligne comme Wikipedia. Selon Pftizmann et Hansen [7] ; "un pseudonyme est un identifiant du sujet autre que son vrai nom. Le pseudonymat est l'utilisation de pseudonymes comme identifiant. Un sujet est pseudonymique si un pseudonyme est utilisé comme identifiant à la place de son nom".

1.5.3 Non-répudiation - Répudiation

La répudiation est explicitée par Roe dans [43] et stipule qu'il peut exister des entités qui ne souhaitent pas qu'une action puisse leur être imputée pour des raisons propres à leur vie privée. Dans le domaine de l'identité numérique, cela signifie qu'il n'existe pas de lien entre une action et une identité numérique.

1.5.4   Détection et observation - Indétectabilité et Inobservabilité

La propriété d'indétéctabilité [11] est définie par Pftizmann et Hansen [7] comme suit : "
l'indétectabilité d'un élément d'intérêt du point de vue de l'attaquant signifie que ce dernier
ne peut suffisamment distinguer si cet élément existe ou non. Si on considère les messages
comme des éléments d'intérêt, cela signifie que ces derniers ne sont pas discernables du bruit de
fond". Les techniques de stéganographie présentent par exemple cette propriété d'indétectabilité.
La propriété d'inobservabilité [12] est définie dans [7] comme la combinaison de la propriété
d'indétectabilité vis à vis d'entités externes et de la propriété d'anonymat vis à vis d'entités
impliquées dans l'élément d'intérêt.

1.5.5   Vol d'information - Confidentialité

La propriété de confidentialité est la même que la propriété de sécurité, mais elle est également
importante pour protéger la vie privée. En particulier, dans le cas de l'identité numérique, la
confidentialité de cette dernière va permettre la protection de données identifiantes.

1.5.6   Conscience du contenu

Cette propriété proposée par Deng [39], précise que le sujet doit être conscient des données
personnelles qu'il possède et qu'il divulgue. Cette propriété est intéressante du point de vue de
l'identité numérique, et reprend en partie la troisième loi de l'identité énoncée par Cameron [10]
"parties légitimes" [13] qui précise que les entités qui utilisent une identité numérique doivent le
faire de manière légitime et limiter la collecte abusive de données non nécessaires au traitement
qu'elles proposent. Par exemple, les travaux du projet de plate-forme pour les préférences liées à
la vie privée (P3P) [44], permettent à un site Web de déclarer l'usage qui va être fait des données
qu'il collecte. M. Deng ajoute à cette loi le fait que le propriétaire de l'identité numérique doit
également tenir à jour ses informations afin d'éviter les décisions prises sur des données périmées.

1.5.7   Conformité à une politique et au consentement

Cette dernière propriété également énoncée par Deng [39], se concentre sur les systèmes qui
utilisent l'identité en précisant que ces derniers doivent s'assurer du consentement du sujet pour
proposer leurs services. Cette propriété est équivalente à la première loi de l'identité de Cameron
[10] "contrôle et consentement" et est également en accord avec les législations évoquées en
introduction [36].

---

11. Traduit de l'anglais : undetectability
12. Traduit de l'anglais : unobservability
13. Traduit de l'anglais : Justifiable parties

1.6 Conclusion

D ANS cette partie, nous avons défini ce qu'est une identité numérique, c'est-à-dire un ensemble de données sur des revendications faites par une entité à propos d'elle-même ou d'une autre entité. Le but de ces revendications étant de permettre l'établissement d'une relation de confiance entre ces deux entités. Nous avons vu qu'elle soulevait deux problématiques : la sécurité et la protection de la vie privée. Nous nous sommes donc intéressés à ces problématiques en présentant et définissant un certain nombre de menaces et propriétés et leurs applications à l'identité numérique.

Tout d'abord, nous avons vu que cette identité était un moyen d'assurer la sécurité puisqu'elle est la réponse directe à l'authentification d'une entité. Cependant, pour faire confiance en cette identité, une entité doit pouvoir également être assurée de la sécurité de cette dernière et donc se baser sur une autre identité numérique. La gestion de l'identité est un modèle récursif où pour valider la sécurité, il est nécessaire de se baser sur un ensemble de validations de niveau inférieur. Pour aider cette validation, nous avons présenté un certain nombre de mécanismes cryptographiques qui permettent de s'assurer des autres propriétés de sécurité comme l'intégrité de la donnée.

Nous nous sommes ensuite intéressés à la problématique de la protection de la vie privée et énoncé, comme pour la sécurité, un certain nombre de propriétés. Ces propriétés peuvent sembler être en contradiction avec les propriétés de sécurité et la définition même d'une identité numérique. Il est bien souvent considéré que l'augmentation de la sécurité se fait au dépens de la protection de la vie privée et de l'utilisabilité d'un système. Cependant, cette inadéquation est largement remise en question actuellement [45]. Pour le cas de l'identité numérique, il apparaît que ces deux problématiques doivent être abordées conjointement afin de garantir le respect des libertés fondamentales.

Au chapitre 2, nous présentons un état de l'art des solutions de gestion d'identité qui ont cherché à répondre à ces problématiques. Nous commençons par énumérer les différents modèles de gestion d'identité puis nous détaillons les protocoles et langages utilisés. Cet état de l'art va nous permettre ensuite de réaliser un inventaire des fonctionnalités présentes dans les systèmes de gestion d'identités.

Chapitre 2

Etat de l'art des systèmes de gestion d'identités

Ce chapitre constitue un état de l'art des systèmes de gestion d'identités. Nous présentons successivement les modèles de gestion d'identités, puis les protocoles mettant en oeuvre ces modèles. Enfin, la gestion d'identités pour un opérateur de télécommunication est étudiée.

Sommaire

2.1	Introduction	21
2.2	Modèles de gestion d'identités	22
2.3	Protocoles et langages pour la gestion d'identités	30
2.4	Gestion d'identités en contexte télécom	42
2.5	Conclusion	46

2.1 Introduction

L E but d'une identité numérique est de permettre la création d'une relation de confiance entre deux entités à travers l'application de politiques prédéfinies. Pour permettre cet échange d'identités, un certain nombre d'architectures et de protocoles ont été proposés. Rappelons que ces systèmes sont appelés systèmes de gestion d'identités. Ces derniers ont été créés afin de proposer une réponse aux problématiques de la sécurité et de la protection de vie privée présentées dans le chapitre précédent. Ils ont également pour but de faciliter la création de la confiance entre les individus et l'usage des identités numériques pour ces derniers. Ces systèmes de gestion d'identités sont basés sur des architectures diverses qui s'appuient sur des éléments et des méthodes sécurisées pour renforcer la confiance créée.

L'objectif de ce chapitre est, dans un premier temps, de présenter les modèles historiques de gestion d'identités et les implémentations existantes de ces modèles. Dans un second temps, les protocoles spécifiques à la gestion d'identités et intervenant dans ces modèles sont passés en revue. Enfin, une partie sera consacrée à la gestion d'identités pour un opérateur de télécommunications.

2.2 Modèles de gestion d'identités

Comme nous l'avons indiqué dans l'introduction, les systèmes de gestion d'identités peuvent être classés en trois types. Les SGI de type 1 et 3 ont pour but de permettre l'utilisation d'une identité numérique pour établir une relation de confiance alors que les SGI de type 2 sont destinés à surveiller l'utilisation d'une identité numérique. Les modèles que nous présentons ici appartiennent aux types 1 et 3 et leur classification se réfère aux travaux de Jøsang [46].

2.2.1 Gestion isolée

Base de données unique pour chaque service

Il s'agit du modèle historique pour gérer les identités sur un système. Chaque système différent va agir à la fois comme fournisseur de services et fournisseur d'identités en implémentant une base de données de ses utilisateurs. Ce modèle est représenté sur la figure 2.1. Le cas d'usage classique d'utilisation d'une identité dans ce modèle est l'authentification de l'utilisateur qui demande un service. Dans ce modèle, le fournisseur de services possède la liste des identités et implémente lui-même les fonctions d'authentification nécessaires. Il est donc à la fois en charge de la gestion des identités et des services. C'est donc également à lui d'assurer la sécurité et la protection de la vie privée.

Les implémentations de ce modèle sont nombreuses ; dans le domaine des systèmes d'exploitations par exemple, les bases locales de comptes sont un système de gestion d'identités isolé. Sur Internet, la plupart des sites implémentant des solutions de login/mot de passe sont des implémentations du modèle de gestion isolée. C'est dans ce cadre que l'utilisation de ce modèle a montré des limites. En effet, son inconvénient majeur est qu'à chaque nouveau système, un nouveau compte doit être créé multipliant ainsi le nombre d'identités numériques. Ce modèle suppose également un coût élevé pour les fournisseurs de service. Cependant, il présente un intérêt pour la protection de la vie privée. En effet, il limite la possibilité de faire un lien entre deux identités d'un même individu utilisant deux services différents, puisque ces derniers ont des bases de données complètement séparées.

2.2.2 Gestion centralisée d'identités

Utilisateur commun

Pour remédier au problème de la multiplicité des identités, on a cherché à centraliser les identités chez un seul et même fournisseur d'identités. A cet effet, la première méthode est de fournir un identifiant commun pour tous les services. Dans ce modèle, une identité unique

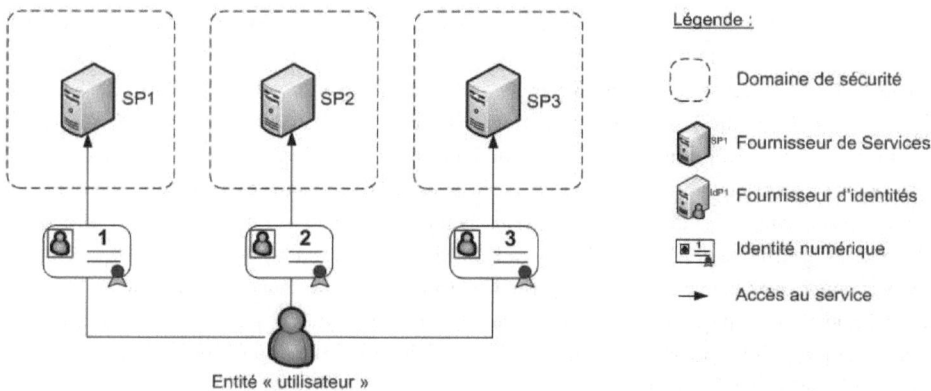

FIGURE 2.1 – Modèle de gestion isolée

fournie par un fournisseur d'identités sert à authentifier un utilisateur chez plusieurs fournisseurs de services d'un même domaine de sécurité. Les implémentations de ce modèle sont appelées services d'authentification unique (ou SSO en anglais pour Single Sign On). Ce modèle est présenté figure 2.2.

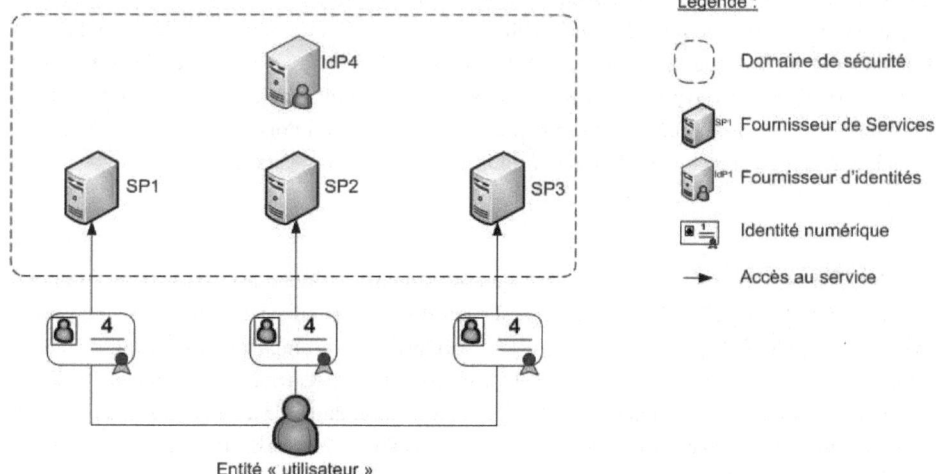

FIGURE 2.2 – Modèle de gestion avec une identité commune

Un exemple d'implémentation du modèle peut être le service d'annuaire défini par la norme X.500 [47]. Ce modèle permet la réprésentation des identités numériques sous la forme d'un arbre. Dans la pratique, la plupart des services d'annuaires utilisent un protcoole léger LDAP

(Lightweight Directory Access Protocol) pour gérer les annuaires. Plusieurs produits existent pour assurer la gestion d'identités en utilisant le modèle d'annuaire, on peut citer par exemple : Apache directory server [48], OpenLDAP[49], ou encore Active directory[50]. Dans la RFC 4513 [51], il est précisé que les messages entre le serveur et le client doivent être chiffrés à l'aide du protocole TLS [52] afin d'assurer la confidentialité et l'intégrité des échanges. Ce dernier protocole se base sur les infrastructures à clés publiques sur lesquelles nous revenons dans le paragraphe suivant. Néanmoins, nous constatons une nouvelle fois l'aspect récursif de la gestion d'identités. L'utilisation d'annuaires a permis de simplifier grandement la gestion des identités, en particulier dans le monde de l'entreprise. Cependant, dans un monde ouvert comme Internet, il est impossible de proposer un annuaire global. C'est pourquoi les autres méthodes détaillées par la suite ont été proposées afin de gérer les identités numériques de manière à permettre un passage à l'échelle de l'architecture.

Les infrastructures à clés publiques ou infrastructures de gestion de clés (IGC), visibles sur la figure 2.3, sont un autre exemple d'implémentation de l'identifiant commun. Elles sont basées sur la cryptographie asymétrique et l'utilisation de certificats X.509 pour représenter les identités numériques. Les certificats sont des données publiques qui contiennent l'identité numérique d'une entité, aussi bien d'un ordinateur que d'une personne. Cette identité numérique comporte nécessairement une donnée correspondant à la clé publique de l'entité qu'elle désigne. Associée à une clé privée seule connue de l'entité, elle va permettre l'authentification de cette dernière. L'intérêt des IGC est l'utilisation d'une autorité de confiance appelée autorité de certification (CA) qui va signer les certificats et attester de la véracité des informations qu'ils contiennent. La confiance en l'identité numérique fournie par une entité dépend donc de la confiance accordée dans la CA qui l'a signée et de la rigueur de la phase d'enregistrement.

L'utilisation des IGC est aujourd'hui quasi-systématique pour les entités non humaines (serveur, sites Web). C'est le cas par exemple lors de l'établissement de connexions sécurisées avec le protocole TLS [52] sur des sites Web. Aujourd'hui, la plupart des sites qui disposent d'une partie privée sont accessibles en HTTPS et possèdent un certificat signé par une autorité reconnue du navigateur. Bien que possible, l'authentification mutuelle à l'aide de certificats n'est que faiblement répandue du fait de la difficulté de gestion des certificats par les particuliers. L'utilisation de certificats pose également un problème de protection de la vie privée. En effet, les certificats sont facilement traçables, le lien avec l'entité qu'ils désignent est souvent évident et cacher des informations n'est pas possible. Plusieurs travaux [53, 54] proposent des améliorations basées sur des mécanismes de signature permettant la divulgation sélective d'informations ou encore des certificats anonymes. Les certificats ne permettent pas non plus d'exprimer des revendications complexes et sont limités à exprimer des attributs.

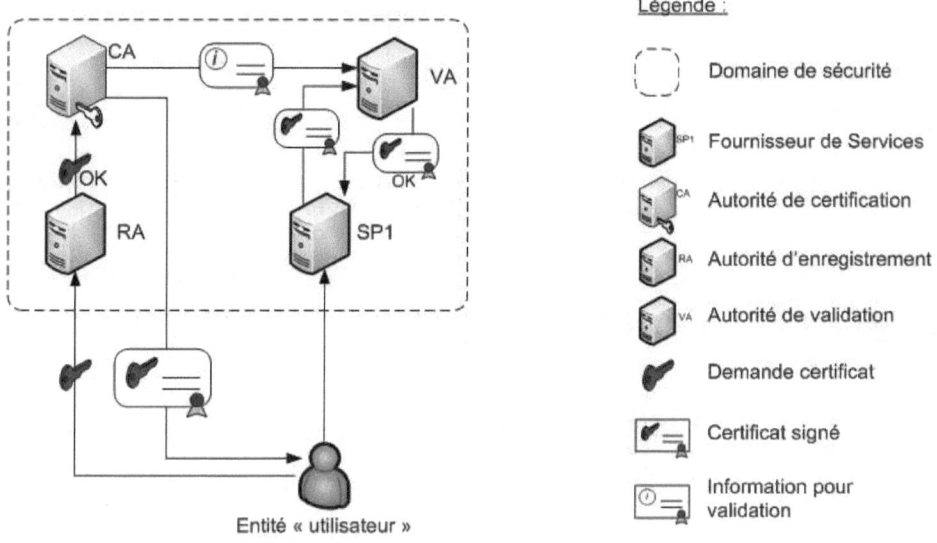

FIGURE 2.3 – Infrastructure de gestion de clés

Modèle de gestion par Méta-identité

Les fournisseurs de services peuvent partager un certain nombre de besoins en terme d'identité qui peuvent être regroupés sous une méta-identité. Dans ce modèle, représenté sur la figure 2.4, les identités du sujet sont liées à une méta-entité qui va être utilisée pour accéder à des services présents dans un domaine de sécurité. L'identité est fournie par un fournisseur d'identités unique qui est en charge de l'authentification et permet donc des mécanismes d'authentification unique (SSO).

Ce modèle est présent dans des grandes entreprises où les services sont maîtrisés et où il existe des politiques de sécurité équivalentes pour tous les fournisseurs de services. Il facilite notamment les processus d'habilitation. Une implémentation de ce modèle peut être trouvée dans le produit Control SA de BMC par exemple. Cependant, ce modèle n'est pas applicable à un environnement ouvert où justement les politiques et exigences de sécurité diffèrent d'un fournisseur à l'autre. De plus, l'utilisation d'une méta-identité est un risque pour la vie privée des utilisateurs puisque cette dernière contient plusieurs des identités originales.

2.2.3 Gestion fédérée d'identités

Pour simplifier l'utilisation des identités pour les individus et les organisations, Camenisch et Pftizmann [55] introduisent la notion de fédération d'identité qui permet le partage d'identités numériques entre plusieurs domaines de sécurité à l'intérieur d'un cercle de confiance. Un cercle

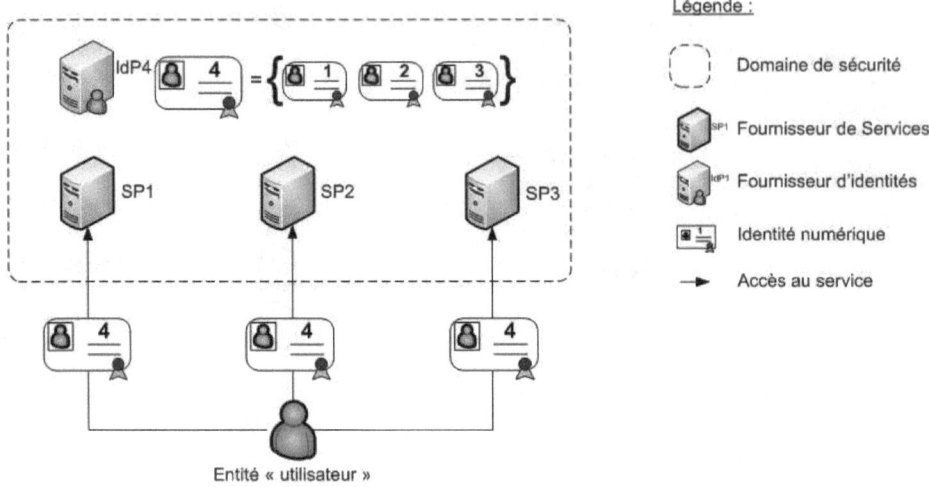

FIGURE 2.4 – Modèle de gestion avec une meta-identité

de confiance regroupe plusieurs fournisseurs de services qui vont faire confiance à un ou plusieurs fournisseurs d'identités pour authentifier les utilisateurs. Ce modèle est représenté sur la figure 2.5. Le but de cette fédération est de permettre aux utilisateurs d'accéder au système d'un autre domaine de sécurité sans avoir besoin de changer d'identité. Les scénarios classiques de fédération impliquent le déploiement de solutions d'authentification unique (SSO) entre domaines.

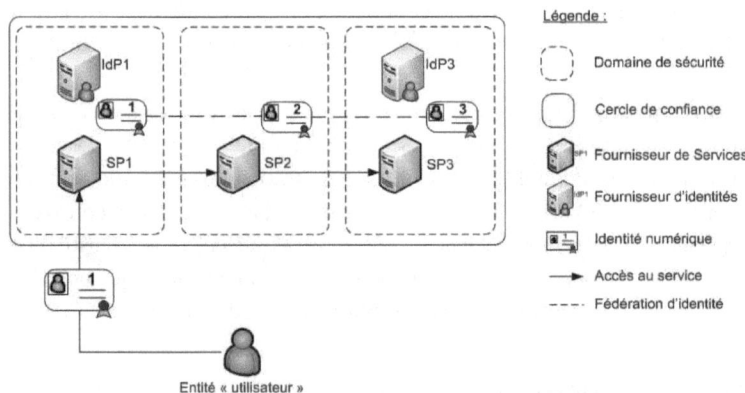

FIGURE 2.5 – Modèle de gestion fédérée d'identités

Le consortium Liberty Alliance [56] fondé en 2001 a proposé un framework de fédération appelé ID-FF avec pour objectif de définir les cas d'usage de la fédération. Ce framework a servi de base à la définition de profils du standard "Security Assertion Markup Language v2" (SAML v2) [57] défini par l'OASIS. Les cas de fédération sont les suivants :

- fédération par lien hors connexion,
- fédération via un pseudonyme persistant,
- fédération via un pseudonyme temporaire,
- fédération via les attributs de l'identité.

La fédération d'identités propose une solution intéressante en terme de sécurité en se basant sur des protocoles éprouvés et en limitant le nombre d'identités à l'intérieur d'un cercle de confiance. Elle aborde également les problèmes de protection de la vie privée en fournissant des mécanismes de fédération par pseudonymes persistants et temporaires. Néanmoins, ce modèle montre des limites lorsque l'utilisateur souhaite utiliser son identité entre différents cercles de confiance et est très lourd en terme de contraintes sécuritaires. Des projets comme FC2 (Fédération des Cercles de Confiance) [1] se sont intéressés à ce problème et ont apporté une réponse contractuelle pour établir la confiance entre les entités. Le modèle de fédération est donc principalement utilisé dans des environnements maîtrisés, c'est le cas de Shibboleth [58] déployé dans les universités par exemple. Un autre reproche fait à ce modèle de fédération est la difficulté à retrouver le fournisseur d'identités disposant de l'information requise (problème de la découverte de l'identité).

2.2.4 Gestion centrée sur l'utilisateur

Une solution de gestion d'identités doit prendre en compte la façon dont l'utilisateur va faire usage de son identité. Les modèles présentés précédemment viennent surtout faciliter la gestion des identités pour les fournisseurs de services à l'exception de la fédération d'identité ayant pour but de simplifier l'usage par l'utilisateur. Cependant, nous avons vu que le modèle de fédération n'était pas réaliste à grande échelle car il était impossible de créer une fédération globale. C'est pourquoi la vision actuelle de la gestion d'identités est d'aider l'utilisateur à gérer son identité directement tout en gardant des contraintes fortes au niveau de la sécurité.

Le modèle en ligne

Le principe de la gestion d'identités centrée sur l'utilisateur est de permettre à ce dernier de contrôler plus finement son identité et de placer l'utilisateur au centre des échanges d'identité. Le modèle que nous avons qualifié de "en ligne" suppose que la gestion ne nécessite aucun ajustement du côté de l'utilisateur et que l'on va lui permettre de gérer ses identités chez son ou ses fournisseurs d'identités directement depuis un navigateur. Des exemples de ce type de gestion d'identités peuvent se retrouver dans les protocoles OpenId et OAuth présentés dans la partie suivante.

---

1. http ://www.fc2consortium.org/

Avec l'avènement des technologies du cloud computing, le choix de l'hébergement des services liés à l'identité dans un cloud s'est fait naturellement. Par exemple, la technologie U-prove proposée par Microsoft propose d'héberger un agent U-prove dans un cloud pour faire l'interface entre les fournisseurs de services et les fournisseurs d'identités. L'intérêt principal de cette vision est l'intégration de mécanismes de divulgation minimale basés sur les travaux de Brands [53]. L'intégration dans un cloud permet également d'utiliser ses identités depuis n'importe quel terminal. L'approche de Microsoft est cependant hybride car elle suppose également l'installation d'extension dans le navigateur de l'utilisateur qui accède à un agent U-prove. Elle repose donc en partie sur le modèle du client intelligent.

Le modèle du client intelligent

Le modèle que nous qualifions de client intelligent suppose que l'utilisateur qui cherche à utiliser son identité chez un fournisseur de services, dispose d'un outil (le client) pour lui permettre de gérer son identité. Les implémentations de ce modèle se concentrent sur la problématique de la vie privée en proposant un contrôle direct par l'utilisateur. Beaucoup de ces clients sont intégrés directement aux navigateurs, c'est le cas du sélecteur Higgins par exemple. Ces clients sont pour la plupart des gestionnaires locaux de mots de passe qui répondent uniquement à la problématique de l'usage par l'utilisateur. Néanmoins, on peut citer parmi les implémentations, existantes l'initiative du projet PRIME [59] qui propose un middleware chargé de protéger la vie privée chez l'utilisateur ou encore l'initiative Idemix [60] permettant l'utilisation de créances anonymes.

Le modèle de méta-système de gestion d'identités

Le modèle de méta-système de gestion d'identités a été défini dans [4]. Le modèle propose une couche d'abstraction basée sur les sept lois de l'identité énoncées dans [61].
- Contrôle de l'utilisateur et consentement : Un méta-système de l'identité doit être accepté par les utilisateurs sous peine de ne jamais pouvoir se développer. Les utilisateurs doivent pouvoir garder le contrôle de leur identité et ne permettre la diffusion d'informations qu'avec leur consentement ;
- Divulgation minimale pour un usage bien défini : Dans un système de gestion d'identités, il faut que le minimum d'information permettant d'identifier un sujet soit transmise. Il est préférable d'acquérir seulement les informations nécessaires ;
- Parties légitimes : Dans un système de gestion d'identités, l'information de l'identité ne doit être transmise qu'aux entités qui en ont besoin et peuvent justifier de ce besoin. Encore une fois, l'utilisateur doit être averti des parties à qui sont transmises ses informations personnelles ;
- Identité dirigée : Un système de gestion d'identités doit gérer à la fois des identifiants omnidirectionnels utilisés par des entités publiques et des identifiants unidirectionnels utilisés à des fins privées (ex : certificat pour un site = identifiant public, compte sur un site marchand = identifiant privé) ;

- Pluralisme d'opérateurs et de technologies : Un méta système doit permettre l'interconnexion de plusieurs systèmes de gestion d'identités régis par plusieurs fournisseurs d'identités ;
- Intégration humaine : Un méta système de l'identité doit placer l'utilisateur humain comme un composant du système. Cela passe par des mécanismes de communication homme machine non ambigus qui protègent l'utilisateur contre les attaques sur l'identité ;
- Expérience consistante entre les contextes : Un méta système doit permettre une expérience utilisateur consistante tout en conservant la pluralité des systèmes de gestion d'identités.

Cette architecture est schématisée sur la figure 2.6 : Le principal élément du méta-système est

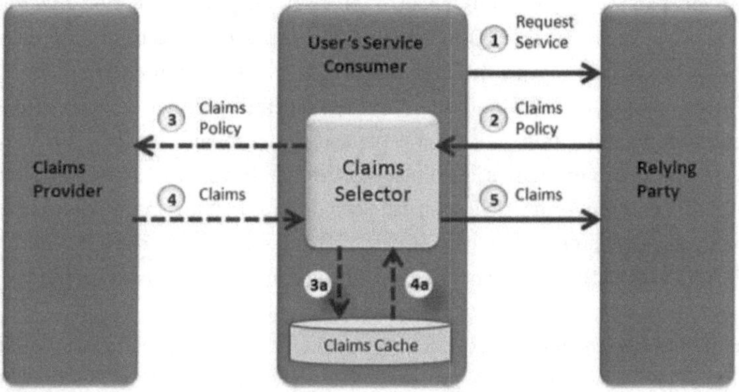

FIGURE 2.6 – Le méta-système d'identité (source : [4])

le sélecteur d'identité qui permet à l'utilisateur de choisir l'identité qu'il souhaite. Ce sélecteur d'identité fonctionne comme un portefeuille dans lequel on posséderait plusieurs cartes de visite dont on pourrait se servir pour prouver son identité. Il illustre le fait que le système de gestion d'identités doit être centré sur l'utilisateur qui choisira quand, à qui et quelle partie de son identité il va transmettre (loi 1). Il existe plusieurs implémentations dont la plus répandue est le sélecteur Cardspace [62], mais on peut aussi citer l'initiative libre Higgins [2]. Il est cependant à noter que Microsoft qui développe Cardspace a décidé de ne pas poursuivre dans cette voie pour se concentrer sur l'approche U-prove. Ces outils sont basés sur les protocoles WS-* que nous développons dans la partie 2.3 qui traite de la confiance et de la sécurité.

2.2.5 Discussion

Dans cette partie, nous avons présenté les modèles existants de gestion d'identités. Nous avons commencé par les modèles historiques pour terminer par les tendances actuelles en matière de gestion d'identités, à savoir les modèles centrés sur l'utilisateur. La motivation principale

---

2. http ://www.eclipse.org/higgins/

de cette évolution est de simplifier l'usage de l'identité pour les individus et les fournisseurs de services tout en diminuant les risques liés à la sécurité. Les modèles de gestion isolé et centralisé ont montré leurs limites car ils ne permettent pas de mise à l'échelle et des alternatives ont été proposées. C'est notamment le cas du modèle de fédération d'identités qui a introduit la notion de cercle de confiance afin de permettre le partage d'identités entre des domaines de sécurité différents appartenant à un tel cercle. Ce modèle qui propose une solution au problème de multiplicité des identités soulève néanmoins d'autres limites comme celle de la découverte de l'identité par exemple. Pour s'affranchir de ces nouvelles limites et permettre à l'utilisateur de contrôler ses identités, les modèles centrés sur l'utilisateur ont donc été proposés. Le modèle en ligne semble être le plus représenté, en particulier sur Internet. Cela est dû à la nécessité d'apprentissage induit par l'utilisation d'un client intelligent. La proposition de Cameron d'utiliser un portefeuille virtuel par exemple n'a pas été comprise par les utilisateurs, du moins sur PC. Les systèmes en ligne qui utilisent des techniques d'authentification connues des utilisateurs (identifiant, mot de passe) restent standards. Il est également important de noter que les modèles et les protocoles les implémentant sont principalement liés au monde du PC. Cette approche est à l'origine de nombreuses difficultés, résolues par des solutions complexes, par exemple dans des protocoles où des preuves partielles sur un sous-ensemble d'attributs doivent pouvoir être fournies. Néanmoins, l'approche du client intelligent trouve un intérêt dans le monde de la téléphonie mobile où l'abstraction de l'identité, sous la forme de carte ou d'icône, prend tout son sens.

Nous constatons que ces modèles abordent tous différemment les problématiques de l'identité numérique que sont la sécurité et la protection de la vie privée. Il est donc difficile de les comparer en regard de ces problématiques. Néanmoins, ils présentent tous des caractéristiques communes. On constate que trois acteurs sont toujours présents : le fournisseur de services, le fournisseur d'identités et l'utilisateur. De même, plusieurs fonctions sont également présentes, c'est le cas de l'authentification de l'utilisateur ou de la phase d'autorisation par exemple. Nous présentons dans le chapitre 3 une cartographie de ces acteurs et de ces fonctions afin de proposer une méthodologie de comparaison des modèles et des implémentations qui les utilisent.

2.3   Protocoles et langages pour la gestion d'identités

L ES modèles que nous avons décrits sont des modèles théoriques de gestion d'identités. Pour permettre l'implémentation des modèles complexes que sont la gestion centrée sur l'utilisateur et la fédération d'identité par exemple, un certain nombre de protocoles et de langages spécifiques ont été proposés. Dans cette partie, nous détaillons ces protocoles dédiés à la gestion d'identités.

2.3.1   OpenID

Le standard ouvert OpenID [63] a été développé à l'origine pour le site Livejournal. Ce protocole est basé sur les protocoles HTTP [64] et HTTPS [65] et sur l'utilisation d'URI ou XRI [66] comme identifiants. Il utilise également les algorithmes de signature [31] HMAC-SHA1

[67] et HMAC-SHA256 [68] et réalise la découverte de l'IdP à partir d'un document XML. Il a connu une forte expansion du fait de sa simplicité et du rôle important donné à l'utilisateur. Ce dernier a entière liberté de choix de son fournisseur d'identités et peut même devenir son propre fournisseur. Il contrôle également les données qui sont transmises aux fournisseurs de services. Le principe d'utilisation est le suivant :

1. L'utilisateur initie l'authentification en présentant un identifiant (URL ou XRI) dans le champ login du site (Relying Party).

2. L'identifiant fourni est alors " parsé " afin de connaître l'URL à laquelle l'OpenID Provider accepte les messages.

3. étape optionnelle : La Relying party et l'Open ID Provider se mettent d'accord sur un secret partagé en utilisant la méthode Diffie-Hellmann [32]. Ce secret sera utilisé pour vérifier les messages suivants entre l'Open ID Provider et la Relying party.

4. L'utilisateur est redirigé par la Relying party vers son Open ID Provider avec une demande d'authentification.

5. L'Open ID Provider vérifie que l'utilisateur est bien autorisé à faire cette authentification.

6. L'Open ID Provider redirige l'utilisateur vers la Relying party en indiquant si l'authentification est réussie.

7. La Relying party vérifie les informations reçues, soit en utilisant la clé négociée en 3 soit en demandant directement à l'Open ID Provider.

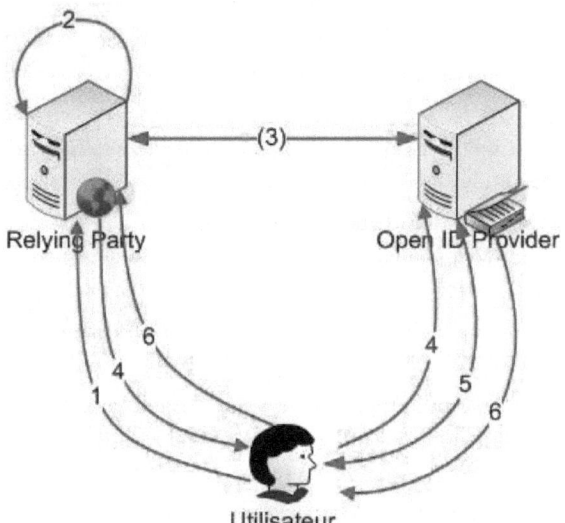

FIGURE 2.7 – Schéma des flux OpenID

Plusieurs limitations sont connues sur l'utilisation d'OpenID : la première est que la sécurité de l'authentification est laissée à l'OpenID Provider (étape 5) ; la seconde est que le système OpenId est vulnérable au phishing. En effet, un site frauduleux peut leurrer l'utilisateur, en lui faisant croire qu'il est redirigé chez son Provider (étape 4) pour la phase de login et peut alors présenter un faux formulaire d'authentification afin de collecter l'identifiant et le mot de passe de ce dernier.

OpenID répond tout d'abord à la question de la simplicité. La solution répond également bien aux problèmes de respect de la vie privée en présentant clairement aux personnes quelles données vont être échangées. Par contre, l'aspect sécurité de l'identité est laissé à l'appréciation des développeurs pour toute la partie authentification et stockage de l'identité.

2.3.2   OAuth

Le protocole Oauth [69] a été proposé en 2006, il permet de faire de la délégation d'accès à une API de manière sécurisée. Ce protocole aborde tout particulièrement les autorisations d'accès à des ressources. OAuth suit le modèle en ligne, il est basé sur des protocoles éprouvés comme HTTP [64] et HTTPS [65] et sur l'utilisation d'algorithmes de signature comme HMAC-SHA1 [67] et RSA-SHA1 [70]. Le scénario classique de ce protocole est l'utilisation sécurisée et approuvée par l'utilisateur de ressources protégées chez un fournisseur de services depuis un site appelé consommateur. Le déroulement des étapes du protocole est le suivant :

1. L'utilisateur visite un site consommateur chez qui il va vouloir utiliser des ressources d'un autre site.

2. Le site consommateur contacte le fournisseur de services pour obtenir une créance temporaire en vu d'identifier la requête de délégation.

3. Le fournisseur de services valide la requête et répond au site consommateur un ensemble de créances temporaires.

4. Le site consommateur redirige alors l'utilisateur vers le fournisseur de services afin d'obtenir l'approbation de l'utilisateur en utilisant les créances temporaires précédemment reçues.

5. Le fournisseur de services authentifie alors l'utilisateur par une méthode de son choix (habituellement un couple identifiant/mot de passe) et demande son consentement à l'utilisateur pour partager ses ressources avec le site consommateur.

6. Le fournisseur de services redirige l'utilisateur et informe le consommateur que l'utilisateur a bien consenti à l'échange.

7. Le site consommateur requiert alors un ensemble de créances destinées à la requête des ressources auprès du fournisseur de services. La requête est faite en utilisant les créances temporaires et en passant par un canal sécurisé avec TLS.

8. Le fournisseur de services renvoie l'ensemble de créances.

9. À l'aide de ces créances, le consommateur peut faire la requête des ressources du fournisseur de services.

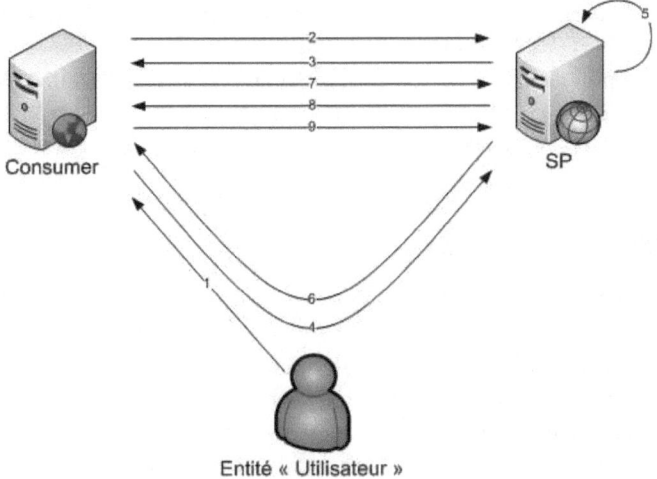

Entité « Utilisateur »

FIGURE 2.8 – Schéma des flux Oauth

Dans les spécifications du protocole, un certain nombre de considérations liées à la sécurité sont abordées. Tout d'abord, le protocole assure l'intégrité des messages, mais n'aborde pas la question de la confidentialité de l'échange. Il est donc recommandé d'utiliser ce dernier au-dessus d'une connexion sécurisée. De même, l'authenticité des fournisseurs de services n'est pas vérifiée ce qui engendre donc un risque d'usurpation de l'identité de ces derniers et rend également le protocole sensible aux attaques de type phishing. Dans ce cas, l'utilisateur entre ses informations de connexion chez un fournisseur de services frauduleux. En imposant le consentement de l'utilisateur, Oauth aborde la problématique de la protection de la vie privée, cependant le protocole n'assure pas le respect des autres hypothèses pour la protection de cette dernière et les limitations en terme de confidentialité posent encore ici un problème.

2.3.3 SAML2

Le Security Assertion Markup Language 2.0 (SAML2) est un standard proposé par L'OASIS (Organization for the Advancement of Structured Information Standards) dédié à l'échange de données d'authentification et d'autorisation entre des domaines de sécurité. Dans sa version 2, ce standard a intégré les travaux du consortium Liberty Alliance [56] sur le framework ID-FF [71] pour permettre la fédération d'identités numériques. SAML2 définit la syntaxe d'assertions d'identité encodées avec le langage XML [72]. Ces dernières peuvent être signées à l'aide des mécanismes de signature XML [73] afin d'en attester le contenu. Ces assertions peuvent correspondre à des données d'authentification, d'autorisation ou tout simplement aux attributs d'une entité. SAML2 définit un certain nombre de protocoles pour le traitement des requêtes et des réponses faites à l'aide de ces assertions. De même, les assertions sont généralement transportées dans d'autres structures comme des requêtes POST HTTP ou des messages SOAP.

Le standard définit donc des méthodes pour réaliser ce lien et transporter les assertions SAML2. Enfin, le standard de l'OASIS propose un certain nombre de profils qui correspondent à différents cas d'usage notamment de SSO et de fédération d'identités. Le standard SAML2 peut être utilisé dans des modèles de gestion d'identités différents et n'est pas lié à un seul type de modèle. Par la suite, nous présentons les profils SAML2 standards ainsi que les cas de fédération d'identités.

Web browser SSO : modèle en ligne

Le profil destiné à faire du SSO en ligne est le plus répandu, il peut être séparé en trois sous-profils en fonction des techniques de liaison utilisées, mais également en fonction de l'entité chez qui le sujet commence l'échange : soit le fournisseur d'identités (IdP), soit le fournisseur de services (SP). Dans le premier cas, un utilisateur se connecte chez son IdP où il possède un contexte de sécurité et clique sur un lien pour rejoindre un SP. Dans le cas où l'utilisateur commence par se connecter chez un SP, il est redirigé chez son IdP pour vérifier la présence d'un contexte de sécurité pour lui chez ce dernier et en créer un le cas échéant. La figure 2.9, issue de [57] présente un de ces sous-profils.

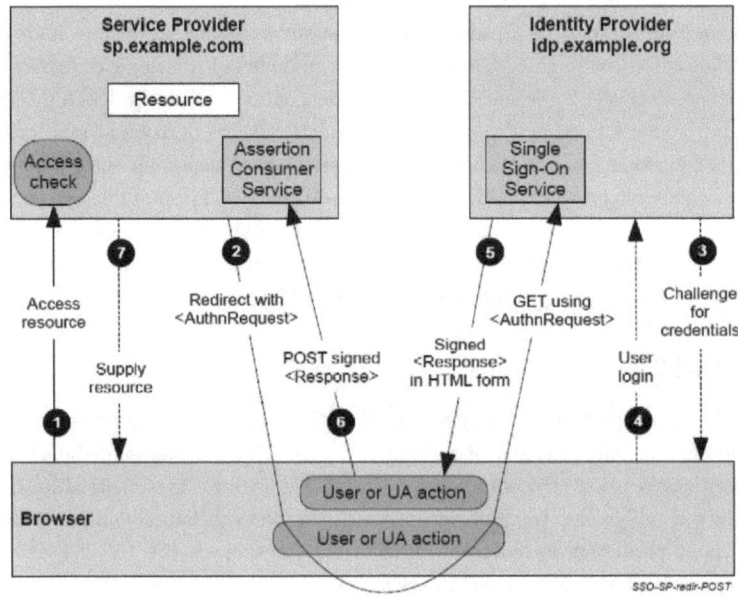

FIGURE 2.9 – Schéma SSO avec un démarrage chez le SP et une redirection POST (source : [57])

Profil SSO ECP : modèle client intelligent

Le profil ECP[3], présenté sur la figure 2.10, suppose l'utilisation de clients intelligents permettant de participer plus activement dans l'échange d'assertions SAML2. Ce client intelligent peut notamment savoir quel fournisseur d'identités contacter pour un contexte donné. Ce profil est transporté à l'aide du protocole PAOS, SOAP inversé.

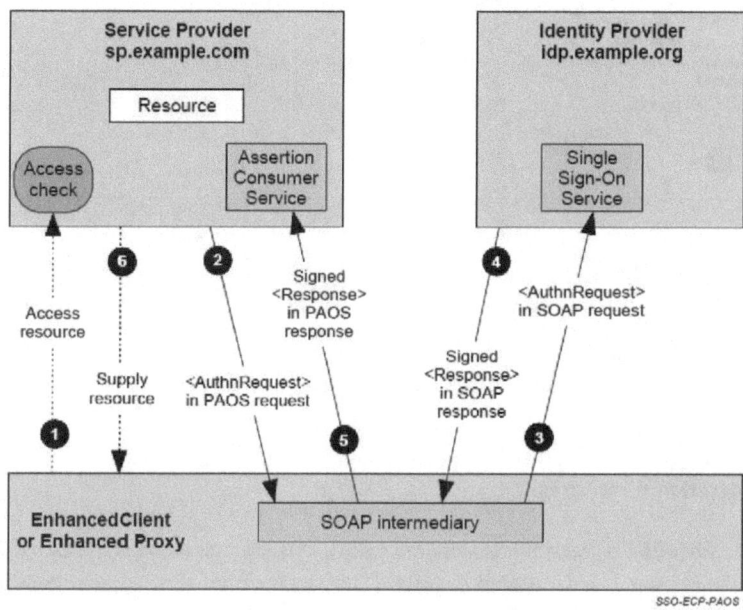

FIGURE 2.10 – Le profil SSO ECP (source : [57])

Profil SLO : modèle en ligne

Dans les profils SSO présentés ci-dessus, le sujet une fois authentifié possède un contexte de sécurité chez son fournisseur d'identités et potentiellement un contexte de sécurité chez plusieurs fournisseurs de services. Le fournisseur d'identités peut alors servir de gestionnaire de sessions pour tous les fournisseurs de services. Le profil SLO[4], permet de se déconnecter des ces sessions en une seule action, soit en contactant directement le fournisseur d'identités gestionnaire de la session "globale", soit auprès d'un des fournisseurs de services. Il est présenté sur la figure 2.11.

---

3. Enhanced Client and Proxy
4. Single Logout

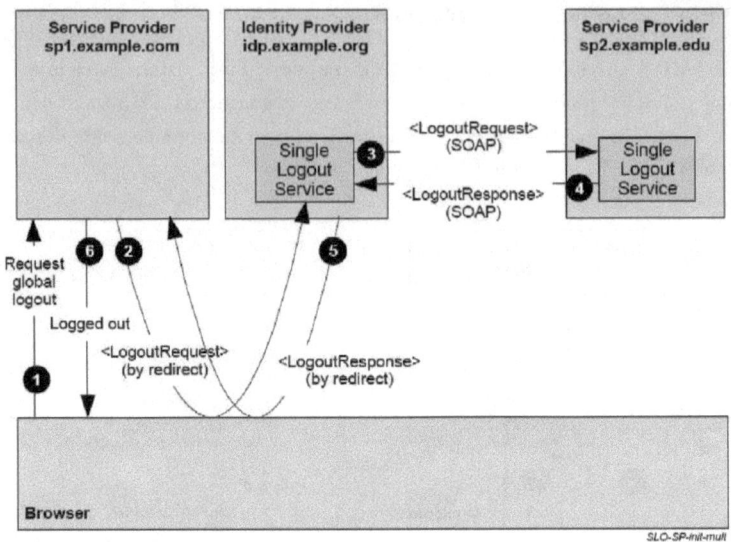

FIGURE 2.11 – Le profil SLO (source : [57])

Cas de fédération d'identités

Comme indiqué précédemment, le standard SAML a inclus dans sa version 2 les spécifications Liberty Alliance pour la fédération d'identité. Dans ce paragraphe, nous présentons les cas de fédérations d'identité permis par SAML2 à savoir :

- fédération par lien statique hors ligne[5] ;
- fédération par des pseudonymes persistants ;
- fédération par des pseudonymes éphémères ;
- fédération par les attributs.

La fédération par lien statique permet l'association d'une identité fédérée avec une identité locale chez le fournisseur de services. Ce mode de fédération ne suppose pas forcément l'utilisation de SAML2. La fédération par pseudonymes persistants suppose le lien de l'identité du sujet chez le fournisseur d'identités avec l'identité chez le fournisseur de services à l'aide d'un pseudonyme. Cette fédération peut aussi avoir lieu à l'aide d'un pseudonyme éphémère le temps de la session SSO. Enfin, un mode de fédération utilisant les attributs de l'identité chez les fournisseurs d'identités et les attributs chez le fournisseur de services est possible avec SAML2. Ces cas sont présentés sur les figures 2.12, 2.13 et 2.14.

---

5. Out-of-Band Account Linking

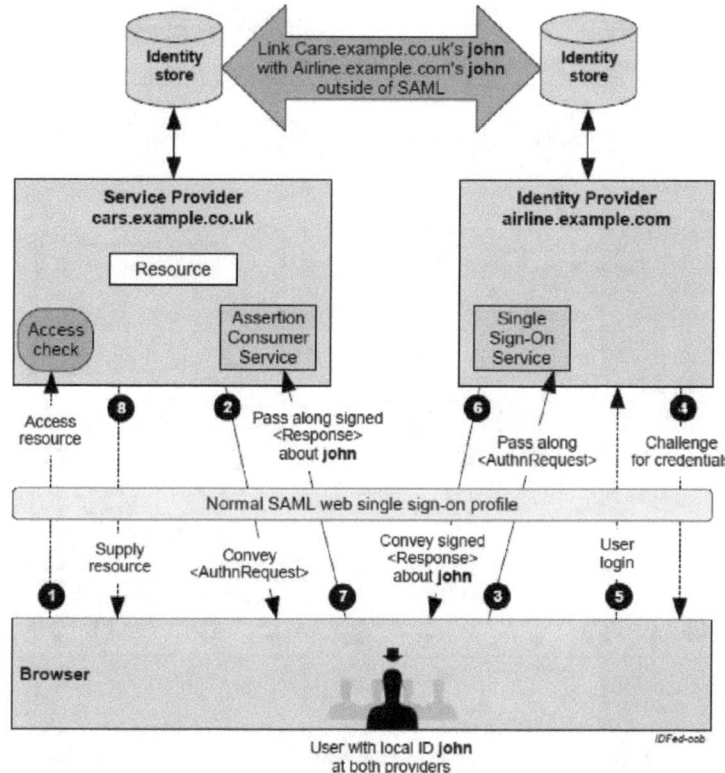

FIGURE 2.12 – Fédération d'identités "out of band" (source : [57])

2.3.4 WS-*

Les spécifications des services Web désignées par le terme WS-* regroupent un ensemble de spécifications maintenues par plusieurs organismes de standardisation. Parmi ces spécifications, plusieurs sont directement liées à la sécurité des services Web et à l'identité. Ces spécifications décrivent les formats d'échanges sécurisés des messages et permettent la création de relations de confiance entre entités. Les spécifications qui concernent l'identité numérique et que nous détaillons ici sont : WS-Security [74], WS-SecurityPolicy [75] et WS-Trust [76]. Les spécifications énoncées par le projet "Platform for Privacy Preferences" (P3P) [44] sont également mentionnées dans cette partie car elles sont parfois présentées comme une spécification WS-Privacy.

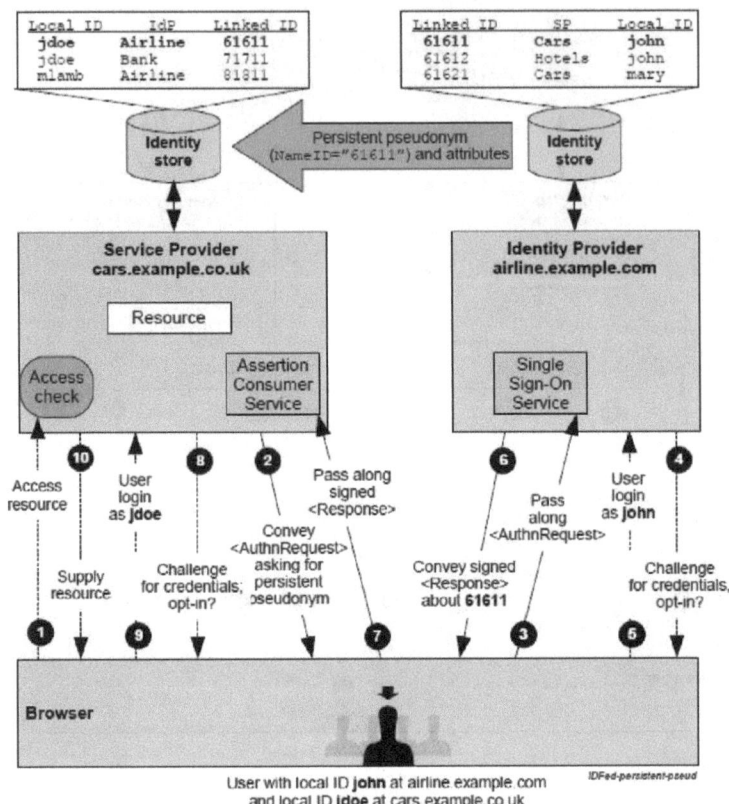

FIGURE 2.13 – Fédération d'identités à l'aide de pseudonymes persistants (source : [57])

WS-Security

Les spécifications WS-Security [74] ont été proposées en 2002 par l'OASIS et mises à jour en 2006. Elles consistent en l'amélioration du protocole SOAP afin de garantir l'intégrité, la confidentialité des messages et de permettre l'envoi de jetons de sécurité comme partie d'un message. Les jetons acceptés peuvent être de plusieurs types et l'OASIS fournit les profils pour le support des certificats X509 [77], de jetons KERBEROS [78], de jetons SAML [79] et de jetons basés sur un identifiant utilisateur [80]. Les spécifications étant ouvertes, elles supportent également des jetons personnalisés. Pour garantir l'intégrité, WS-Security décrit plusieurs signatures qui peuvent être attachées à un message et plusieurs formats de signature basés sur [73]. La signature est possible pour une ou plusieurs parties de ce message, y compris pour les jetons de sécurité présentés ci-dessus. WS-Security définit également les techniques de chiffrement pour chiffrer tout

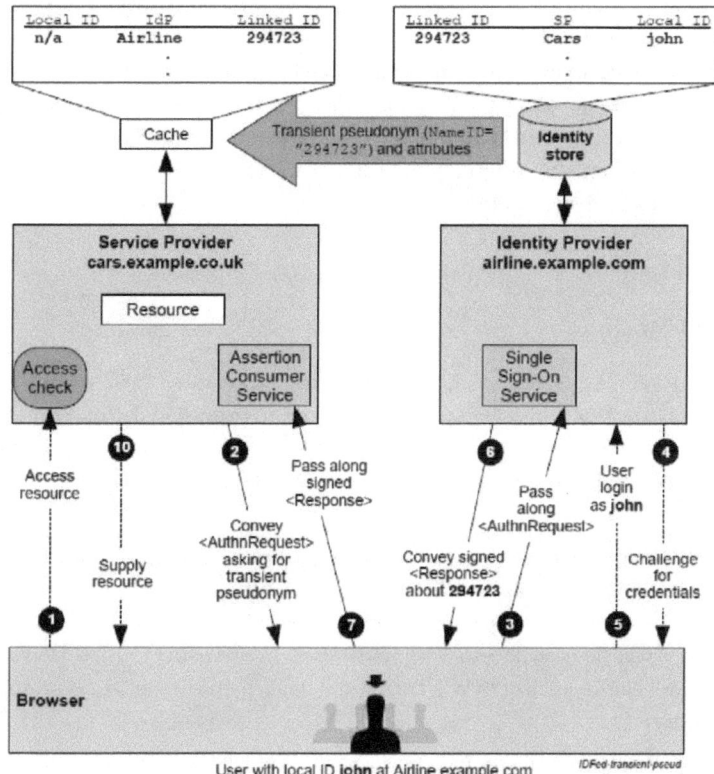

FIGURE 2.14 – Fédération d'identités à l'aide de pseudonymes temporaires (source : [57])

ou partie des messages à l'aide d'une clé symétrique définie à l'avance où d'une clé transportée dans le message sous une forme chiffrée également. La spécification s'appuie sur le standard de chiffrement XML [81]. En plus de ces deux mécanismes, WS-Security permet d'ajouter un horodatage pour éviter le rejeu mais ne propose pas de mécanisme de synchronisation de temps.

Comme il est précisé dans les spécifications de WS-Security, une analyse de sécurité et de la protection de la vie privée est impossible sur les spécifications en elles-mêmes. Il est néanmoins indispensable de faire ce genre d'analyse sur les solutions complètes qui implémenteraient WS-Security. Afin d'aider ce type d'analyse, les auteurs indiquent un certain nombre de considérations comme : le risque d'attaque par rejeu, l'utilisation appropriée de chiffrement et signatures, la protection des jetons de sécurité, la vérification des certificats. Sur le plan de la protection de la vie privée, les spécifications précisent que les données présentes dans les messages sont pour la plupart des identifiants et leur divulgation doit se faire conformément à une politique négociée auparavant. Dans [82], un certain nombre d'attaques sur les services Web sont présentées. Les auteurs détaillent notamment des attaques rendues possibles par l'utilisation de WS-Security. Tout d'abord, l'utilisation de chiffrement rend impossible l'inspection des éléments et permet donc de cacher certaines attaques (obfuscation). Ensuite, l'utilisation de la cryptographie peut provoquer une surcharge au niveau du déchiffrement et potentiellement un déni de service. Par exemple, un message peut être forgé avec un entête dans lequel chaque clé doit être déchiffrée en utilisant une clé elle-même chiffrée.

WS-SecurityPolicy

Les spécifications WS-SecurityPolicy [75] ont été proposées en 2007 par l'OASIS. Elles étendent les spécifications WS-policy [83] et permettent l'expression de contraintes et de pré-requis en matière de sécurité. Les spécifications définissent des assertions permettant de représenter les caractéristiques de sécurité présentes dans WS-Security et WS-Trust. Ces assertions sont divisées en cinq catégories :

- les assertions de protection définissant quelles parties d'un message sont sécurisées ;
- les assertions conditionnelles décrivant des pré-conditions de sécurité ;
- les assertions sur les mécanismes généraux de sécurité ;
- les assertions sur le type de jetons supportés (voir WS-Security) ;
- les assertions sur la confiance (WS-Trust) ou le référencement des jetons de sécurité (voir WS-Security).

Ces assertions peuvent être utilisées individuellement ou combinées entre elles pour décrire des politiques plus complexes. Les spécifications présentent trois types de combinaisons appelées attachements [6] : attachement de transport, attachement symétrique et attachement asymétrique. L'attachement de transport est utilisé dans les cas où la sécurité n'est pas assurée par WS-Security mais par la couche transport, par exemple lors de l'utilisation du protocole HTTPS. Les attachements symétrique (resp. asymétrique) sont utilisés quand la sécurité est assurée par WS-Security et lorsque le chiffrement est symétrique (resp. asymétrique).

Dans WS-SecurityPolicy, l'accent est mis sur la sécurité des protocoles cryptographiques utilisés. Les attaques par ré-écriture XML [7] [82, 84], qui consistent en l'interception et la modification des messages SOAP, sont les plus documentées. Elles exploitent notamment les faiblesses dans XML signature pour permettre la modification d'une politique décrite par WS-SecurityPolicy. Une politique ainsi modifiée permet à un attaquant de changer les algorithmes de cryptographie utilisés, voire de supprimer des assertions de sécurité. Cette attaque permet ensuite à l'attaquant, soit de connaître le contenu des messages, soit de le modifier.

---

6. Traduit de l'anglais : bindings
7. XML rewriting attacks

WS-Trust

Les spécifications WS-Trust [76] sont également un standard de l'OASIS dont la dernière version (1.4) a été proposée en 2009. La confiance dans WS-Trust est basée sur l'échange de jetons sécurisés tels que ceux définis dans WS-Security. WS-Trust propose donc deux extensions à WS-Security qui fournissent :

- des méthodes pour la requête, l'émission, le renouvellement et la validation de jetons de sécurité ;
- des moyens pour établir, reconnaître et négocier des relations de confiance.

Le modèle de confiance utilisé par WS-Trust étant basé sur l'échange d'identités et de jetons securisés, il repose sur trois entités :

- le service Web que l'on peut lier au fournisseur de services ;
- le demandeur que l'on peut lier au sujet ;
- le service de jetons sécurisés qui fait office de fournisseur d'identités.

Ces entités peuvent interagir différemment selon les protocoles utilisant WS-Trust selon des interactions représentées sur la figure 2.15.

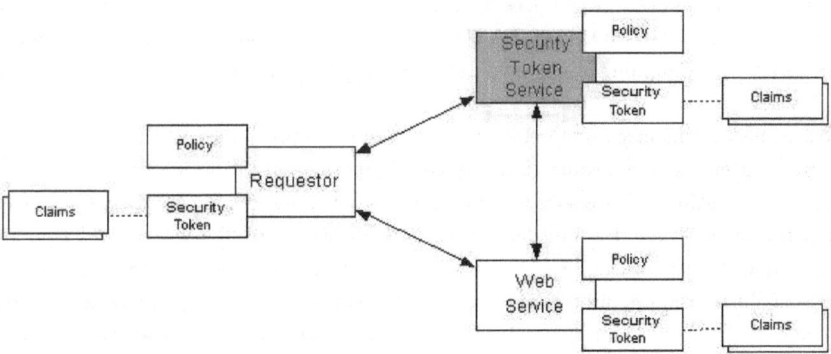

FIGURE 2.15 – Schéma issu des spécifications WS-trust 1.3 [76]

WS-Privacy : Platform for Privacy Preferences 1.0

Les spécifications de la plate-forme pour les préférences de confidentialité (P3P) [85], parfois appelées WS-privacy, sont une recommandation du W3C datant de 2002. Ces spécifications proposent un moyen pour les sites Internet de présenter leurs politiques de confidentialité, ainsi qu'un moyen pour les clients de les interpréter. Les spécifications définissent une syntaxe pour ces politiques qui doit être lisible par un programme client, typiquement par le navigateur de l'utilisateur. En suivant ces mêmes spécifications, le navigateur peut présenter de manière lisible ces politiques à l'utilisateur, analyser et prendre des décisions en fonction de politiques pré-établies.

Plusieurs critiques ont été émises à l'encontre P3P [86] [87] ou [88]. Elles portent notamment sur l'application des politiques et leur respect par les parties en cause. De plus, l'approche P3P est principalement mise en avant par les fournisseurs de services et les acteurs du Web. Cette spécificité amène les auteurs de critiques à se poser la question de l'adoption de P3P par les utilisateurs et notammment la compréhension des politiques par ces derniers. Plusieurs auteurs [86] pensent également que les navigateurs implémentant P3P auront leurs paramètres par défaut à un niveau de protection très bas similaire à la protection actuelle des cookies.

2.3.5   Discussion

Dans cette partie, nous avons présenté les différents protocoles utilisés en gestion d'identités. Ces protocoles définissent les interactions entre les trois acteurs que sont le fournisseur de services, le sujet et le fournisseur d'identités. Afin de garantir certaines des propriétés de sécurité ou de protection de la vie privée, plusieurs langages ont été présentés. Ces langages permettent : de garantir l'intégrité et la confidentialité des messages (WS-Security), d'exprimer les besoins et capacités en matière de sécurité ou de vie privée (WS-SecurityPolicy, P3P) et enfin d'établir une relation de confiance (WS-Trust). Ces langages et protocoles reposent tous sur des standards importants comme XML, SOAP ou HTTP afin d'assurer leur portabilité et leur adoption. Ils sont également ouverts pour permettre l'ajout de nouvelles assertions.

Nous avons également présenté plusieurs critiques de ces protocoles et langages, la principale étant que la sécurité d'une solution de gestion d'identités ne se limite pas à la sécurité des langages qu'elle utilise. Toute solution doit faire l'objet d'une étude complète. Ce point rend la comparaison et l'étude des solutions de gestion d'identités difficiles en regard des propriétés présentées dans le premier chapitre. De plus, les protocoles et langages présentés dans cette partie préconisent l'utilisation de mécanismes de sécurité externes. Par exemple, OpenId ou SAML2 recommandent l'utilisation du protocole HTTPS. Ce protocole peut également être vu comme un protocole de gestion d'identités au niveau technique, le navigateur vérifiant l'identité du serveur sur lequel il se connecte. Ce dernier constat introduit la notion de "transitivité" de l'identité et de la sécurité, ainsi que la notion de sécurité par "couches". Les systèmes présentés sont en effet focalisés sur la couche applicative et supposent une sécurisation de la couche transport et des couches inférieures. Dans le troisième chapitre, nous présentons un outil permettant de prendre en compte cette spécificité et ainsi de représenter un système de gestion d'identités dans son ensemble.

2.4   Gestion d'identités en contexte télécom

L A directive européenne 2002/19/CE [89] définit un opérateur de communications électroniques comme "une entreprise qui fournit ou est autorisée à fournir un réseau de communications public ou une ressource associée". Bien qu'historiquement associés aux communications fixes, les opérateurs regroupent tous les moyens de communication électronique : terrestre, mobile ou encore Internet. On parle alors d'opérateur fixe, mobile ou de fournisseur d'accès à Internet. Le but de cette partie est de placer l'opérateur de télécommunication au sein de l'écosystème de l'identité numérique.

2.4.1 L'opérateur en tant que fournisseur de services

Un opérateur par définition est un fournisseur de services. Actuellement, la plupart des opérateurs proposent des offres dites "triple play" ou "quadruple play" dans lesquelles ils offrent l'accès à plusieurs services de télécommunications. Ces services sont typiquement l'appel téléphonique, l'accès à Internet, la télévision et l'accès au réseau mobile. Cependant, il est nécessaire à l'opérateur de connaître l'identité des abonnés. En effet, s'il veut facturer ses services, il doit pouvoir reconnaître les utilisateurs de son ou ses réseaux de communication. Il est également tenu par des obligations légales de savoir qui utilise ses réseaux afin de limiter la fraude ou l'utilisation malveillante de son infrastructure. Les opérateurs ont donc dès le départ chercher à identifier leurs utilisateurs par divers moyens techniques.

2.4.2 L'opérateur en tant que fournisseur d'identités techniques

La problématique de l'identification des utilisateurs est importante pour l'opérateur, c'est pourquoi ce dernier a déployé des solutions pour gérer les identités techniques de ses abonnés. Dans ce paragraphe, nous présentons plusieurs de ces systèmes utilisés par un opérateur fixe, Internet ou mobile.

Téléphonie fixe

Pour le cas de la téléphonie fixe, le réseau téléphonique commuté (RTC), c'est la ligne physique de l'abonné qui est identifiée. En effet, lors d'un appel, un commutateur va connecter les lignes de l'appelant avec celle de l'appelé. Cette commutation, à l'origine manuelle, se fait désormais au sein de serveurs informatiques. Les identités, ici les numéros de téléphone, sont donc directement liées à la ligne physique de l'abonné. Il existe cependant des méthodes permettant de réaliser l'authentification de l'abonné et de son terminal, l'approche de Sawyer et al. [90] propose par exemple l'ajout d'un élément sécurisé chez l'abonné capable d'effectuer des calculs cryptographiques et de réaliser une tâche d'authentification (par exemple à l'aide d'un code PIN).

Accès au réseau Internet

L'opérateur Internet ou fournisseur d'accès à Internet (FAI) fait également face au problème de l'authentification de ses clients. Nous présentons ici la méthode d'authentification de ce dernier dans le cas d'une liaison numérique à débit asymétrique [8] (ADSL) la plus répandue en France. Dans ce type de connexion à Internet, l'abonné dispose d'un modem, de plus en

---

8. Asymmetric Digital Subscriber Line

plus fourni par le FAI[9], qui utilise un protocole de la famille PPP[91] vers les équipements de l'opérateur. Pour établir cette liaison, plusieurs méthodes d'authentification existent. Les principales méthodes utilisées historiquement sont l'authentification par mot de passe (PAP) [92] et l'authentification par challenge (CHAP) [93] qui ont été remplacées par le protocole d'authentification extensible (EAP) [94]. Afin de simplifier cette étape, le fournisseur d'accès implémente généralement une solution de type RADIUS [95][96] qui permet de gérer de façon centralisée les identités de ses abonnés. RADIUS est un protocole qui réalise trois fonctions : l'authentification, l'autorisation et la traçabilité[10]. Son successeur est appelé Diameter et est défini dans la RFC 3588 [97].

Téléphonie mobile

La problématique de l'identification de l'abonné est également présente sur les réseaux mobiles des opérateurs. Dans cette partie, nous présentons les mécanismes utilisés sur les réseaux dits de 2ème et 3ème génération.

Les technologies de 2ème génération sont principalement liées au standard GSM proposé par l'Institut Européen des Normes de Communication (ETSI). Ce standard propose l'utilisation d'un élément sécurisé appelé carte SIM[11] et standardisé dans [98]. Cette carte contient entre autre un numéro d'identification unique appelé identité internationale d'équipement mobile (IMEI) et un autre identifiant inconnu de l'abonné appelé identité internationale d'abonné mobile (IMSI) qui constitue une identité unique de l'utilisateur sur le réseau de l'opérateur. L'opérateur via un HLR[12] connaît l'ensemble de ces IMSI et peut ainsi réaliser l'authentification des abonnés. L'algorithme utilisé pour cela est appelé A3 et est stocké sur la carte SIM de l'abonné. Dans [99], les auteurs présentent un type d'attaque qui compromet cette technique d'authentification. De même, les algorithmes de chiffrement de la famille A5 utilisés pour assurer la confidentialité des communications ont été attaqués dans [100] et [101]. Il est également à noter que seul l'opérateur authentifie l'abonné, ce qui rend possible des attaques de phishing avec un faux point d'accès [102].

La 3ème génération de réseau mobile (3G) est principalement liée à la norme UMTS[13]. Cette nouvelle norme, en plus de proposer des débits plus élevés fournit des mécanismes de sécurité avancés. La 3ème génération introduit la carte USIM[14] [98] qui permet de réaliser l'authentification du mobile avec le réseau. Contrairement à la technologie GSM, elle permet également l'authentification mutuelle du réseau et du mobile. Le protocole symétrique utilisé pour réaliser cette double authentification s'appelle AKA[15] ; il est notamment détaillé dans [103] ou [104]. Il est basé sur un secret partagé entre le module USIM et un centre d'authentification (AuC) placé dans

---

9. par exemeple : Neufbox (SFR), Freebox (Free), Livebox (Orange),...
10. En anglais : Authentication, Authorization, Accounting
11. Suscriber Identity Module
12. Home Location Register
13. Universal Mobile Telecommunication System
14. Universal Subsriber Identity Module
15. Authentication and Key Agreement

le réseau d'origine (HE) de l'abonné. Lorsque ce dernier rejoint un réseau, le VLR[16] requête une authentification auprès du HE qui répond avec un tableau de vecteurs d'authentification. Chaque vecteur contenant un nombre aléatoire RAND, une réponse attendue $XRES = f2_k(RAND)$, une clé de chiffrement $CK = f3_k(RAND)$, une clé d'intégrité $IK = f4_k(RAND)$, une clé anonyme $AK = f5_k(RAND)$, un code d'authentification de message $MAC = f1_k(SQN\|RAND\|AMF)$ et un jeton d'authentification $AUTN = SQN \oplus AK\|AMF\|MAC$ où $f2_k$, $f3_k$ et $f4_k$ sont des fonctions d'authentification de message dépendant d'une clé secrète K et AMF le champ sur la gestion d'authentification. Le jeton d'authentification contient un numéro de séquence partagé entre le mobile et le HE. Le VLR envoie au mobile le jeton AUTN et RAND qui vérifie MAC et calcule AK puis recalcule SQN à partir de AUTN et AK. Si le SQN ne correspond pas à celui stocké sur le mobile, celui-ci refuse l'authentification et relance une demande de resynchronisation. Dans le cas où tout s'est déroulé normalement, le mobile calcule la réponse RES qu'il renvoie au VLR qui vérifie la correspondance avec XRES. Plusieurs limitations à ce protocole existent. Dans [105], les auteurs détaillent le problème de consommation de bande passante lié à cet algorithme et proposent une version améliorée. De même, les auteurs dans [102] abordent le problème de la synchronisation nécessaire ainsi que celui de l'utilisation d'un numéro de séquence.

2.4.3 Discussion

Dans cette partie, nous avons présenté le rôle de l'opérateur de télécommunications. Nous avons vu que malgré son rôle principal de fournisseur de services, il était également en charge de la gestion d'identités techniques. Ces identités techniques peuvent parfois être reconnues comme données personnelles de l'abonné. C'est par exemple le cas de l'adresse IP qui est reconnue par la CNIL comme une donnée à caractère personnel. De même, en cas de fraude, l'opérateur peut faire le lien entre l'identité technique repérée et l'identité civile des abonnés. La position de l'opérateur rend l'utilisation des identités techniques fournies nécessaires lorsque l'on parle d'identité numérique. Par exemple, l'utilisation du protocole OpenId sur Internet suppose l'utilisation d'URI qui correspondent à des adresses IP fournies par un opérateur. Certaines approches cherchent à lier ces identités techniques avec celles des couches supérieures, c'est par exemple le cas de celle présentée dans [106] qui utilise le protocole UMTS AKA. On constate donc que l'opérateur joue un rôle transverse dans la gestion d'identités et qu'il est nécessairement toujours présent. Afin de prendre en compte cette particularité, nous introduisons un quatrième acteur aux modèles de gestion d'identités correspondant à l'opérateur et que nous appelons opérateur technique (TOP).

---

16. Visited Location Register

2.5   Conclusion

D ANS ce chapitre, nous avons défini les modèles de gestion d'identités, à savoir la gestion isolée, centralisée, fédérée et enfin centrée sur l'utilisateur. Nous avons présenté les protocoles qui mettent en oeuvre ces modèles tels qu'OpenId ou Oauth. Nous avons également détaillé les langages dédiés à la programmation de ces protocoles et spécialisés dans la gestion d'identités. Ces langages et protocoles ont pour particularité de s'appuyer sur des standards ouverts et d'être eux-mêmes standardisés. Nous avons enfin présenté la gestion d'identités pour un opérateur de télécommunications et introduit la notion d'opérateur technique.

Ces modèles, protocoles et langages ont été proposés afin de répondre aux deux problématiques que sont la sécurité et la protection de la vie privée. Ils mettent en oeuvre des algorithmes cryptographiques qui permettent d'assurer les propriétés d'intégrité, de confidentialité et d'authentification. Leur déroulement permet également d'assurer certaines propriétés de protection de la vie privée comme la divulgation minimale avec U-prove. Cependant, la présentation des mécanismes de gestion d'identités chez l'opérateur a fait apparaître le besoin de valider la sécurité et la protection de la vie privée sur toute la chaîne d'identité. En effet, protéger la vie privée de l'utilisateur au niveau applicatif par exemple ne garantit pas forcément la protection sur une couche inférieure.

Cette particularité rend la compréhension et la comparaison des modèles et des protocoles difficiles. L'analyse des solutions de gestion d'identités nécessite donc un nouvel outil que nous présentons dans le chapitre suivant. Nous proposons une cartographie des acteurs et des fonctions qui permet de modéliser tout système de gestion d'identités et d'en réaliser l'analyse en prenant en compte la sécurité et la protection de la vie privée de l'utilisateur.

Deuxième partie

Propositions

Chapitre 3

Modèle d'analyse des systèmes de gestion d'identités

Ce chapitre présente la première proposition faite dans cette thèse. Il s'agit d'un modèle permettant d'analyser les systèmes de gestion d'identités. Nous commençons par présenter une cartographie des acteurs et des fonctions de la gestion d'identités puis nous montrons comment cette dernière peut nous permettre d'évaluer un système de gestion d'identité en regard de la sécurité et de la vie privée. Enfin, la méthode est illustrée sur les systèmes de gestion d'identités présentés dans le chapitre 2.

Sommaire

3.1	Introduction	**49**
3.2	État de l'art des méthodes d'analyse	**50**
3.3	Cartographie des acteurs et des fonctions pour la gestion d'identités numériques	**51**
3.4	Évaluation de la sécurité et de la protection de la vie privée	**56**
3.5	Illustration de la méthodologie	**59**
3.6	Conclusion	**80**

3.1 Introduction

D ANS les chapitres précédents, nous avons présenté les définitions et formalisé la notion d'identité numérique. Nous avons également présenté les deux problématiques majeures qui sont soulevées par l'identité numérique, à savoir la sécurité et la protection de la vie privée. Nous avons vu que, dans un système d'information, l'identité numérique est principalement un moyen d'assurer la sécurité en répondant aux deux problèmes d'authentification et d'autorisation. La partie du système d'information en charge de ces identités est appelée système de gestion d'identités. Plus généralement, tous les systèmes en charge de traiter des données relatives à l'identité numérique sont appelés : système de gestion d'identités. Le projet FIDIS [1] dont nous avons déjà parlé a classifié les SGI en trois types qui reprennent globalement leurs fonctions : authentification et autorisation pour le type 1, profilage pour le type 2 et enfin gestion des mots de passe pour le type 3.

Les SGI du premier type, dédiés à l'authentification et à l'autorisation, sont ceux qui ont pour but d'assurer la création d'une relation de confiance entre les parties. Dans le cadre du chapitre précédent, c'est ce type de SGI que nous avons étudié. Nous avons présenté les différents modèles mis en place dans ces SGI ainsi que les protocoles et langages qu'ils utilisent. Nous avons également vu qu'ils abordent les problématiques de l'identité numérique différemment les uns des autres. Ainsi, les mécanismes de sécurité et/ou de protection de la vie privée diffèrent entre eux. Ces différences rendent difficile la compréhension et la modélisation de ces SGI de même que leur comparaison.

L'objectif de ce chapitre est de présenter une méthode destinée à modéliser les SGI de type 1 et 3. Nous commençons par présenter les méthodologies existantes qui permettent l'analyse d'une solution en regard de la protection de la vie privée et de la sécurité. Nous expliquons pourquoi notre méthode est un complément à celles existantes et en quoi elle est directement liée à la gestion d'identités. Cette méthode consiste en une cartographie des acteurs et des fonctions des SGI. Nous expliquons comment notre modélisation permet de prendre en compte toutes les propriétés de sécurité et de protection de la vie privée attendues dans la gestion d'identité et énoncées dans le premier chapitre. Enfin, nous présentons une méthode d'évaluation des systèmes de gestion d'identité basée sur cette cartographie et que nous illustrons sur les principaux protocoles décrit au chapitre 2.

3.2 État de l'art des méthodes d'analyse

LES principaux efforts sur l'analyse de solutions en regard de la protection de la vie privée et de la sécurité sont conduits durant les premières phases de développement. La sécurité et la protection de la vie privée sont alors considérées comme des prérequis non fonctionnels [107, 108] qui doivent être pris en compte dans les premières étapes de développement. Pour réaliser ces analyses et exprimer ces prérequis, plusieurs méthodes existent.

3.2.1 Approche orientée but et agent

L'approche orientée but [1] [109] consiste à exprimer les prérequis en matière de protection de la vie privée et de sécurité sous la forme de buts à atteindre. Les travaux utilisant cette approche se basent sur plusieurs taxonomies de propriétés de protection de la vie privée et en particulier sur les travaux de Pfitzmann [7] déjà mentionnés. Ces propriétés servent à exprimer directement les buts à atteindre. Cette approche est notamment celle de méthodologies comme KAOS

---

1. goal-oriented approach

[110] ou encore de la méthode PriS [111] spécifiquement dédiée à la protection de la vie privée.
Cette dernière propose également au développeur un ensemble de techniques d'implémentation
correspondant au but attendu. Il est intéressant de noter que dans cette approche, les systèmes
de gestion d'identités constituent une de ces techniques. D'autres méthodologies s'appuient sur
l'expression d'anti-buts ou de mauvais cas d'utilisation pour dériver les pré-requis, c'est le cas
notamment de [112]. Plusieurs approches orientées agent[2] [113, 114, 115] viennent également
compléter les méthodologies orientées but. Ces dernières permettent une description plus riche,
en particulier dans des environnements ouverts comme Internet.

3.2.2   Approches basées sur les arbres d'attaques

Les méthodes précédentes sont principalement dédiées à l'expression de pré-requis lors
des phases de développement et ne sont pas adaptées à l'étude de systèmes existants. Pour
combler ce manque, plusieurs travaux proposent l'utilisation d'arbres d'attaques ou de menaces.
En particulier, la méthodologie SDL, basée sur les diagrammes de flux de données [116],
est intéressante car elle se base sur une analyse des menaces appelée STRIDE (uSurpation,
falsificaTion, Répudiation, divulgation d'Informations, Déni de service, et Élévation de privilèges)
qui reprend la plupart des menaces présentées dans le chapitre 1. Dans [39], M. Deng propose
une extension de la méthodologie SDL prenant en compte, non seulement les menaces liées
à la sécurité, mais également celles liées à la vie privée et reposant sur une analyse appelée
LINDDUN (Linkability, Identifiability, Non-repudiation, Detectability, Disclosure of information,
Content unawareness, policy and consent Noncompliance) basée principalement sur les propriétés
proposées par Pfitzmann [7].

3.2.3   Discussion

Les méthodes sus-mentionnées peuvent s'appliquer au développement d'un SGI. Cependant,
elles proposent pour la plupart des contre-mesures qui ne sont pas adaptées aux spécificités des
systèmes de gestion d'identités. Par exemple, la récursivité de la confiance n'est pas prise en
compte. De plus, bien que certaines des méthodes soient dédiées à l'analyse, la plupart d'entre
elles permettent avant tout l'expression de pré-requis. Il n'existe pas à notre connaissance de
modèle spécifiquement dédié à l'analyse de SGI existant.

3.3   Cartographie des acteurs et des fonctions pour la gestion d'identités numériques

D ANS cette partie, nous présentons un framework que nous avons appelé cartographie des
acteurs et des fonctions [117, 118] et qui permet de faire ce type d'analyse. Notre frame-

---

2. agent-oriented approach

work s'inscrit comme un complément des méthodologies existantes et cherche à simplifier la compréhension des systèmes de gestion d'identités existants. Il est constitué d'un tableau des acteurs et des fonctions réalisées par ces derniers dans un processus de gestion d'identités. Le tableau 3.1 présente une version simplifiée de ce tableau.

	Opérateur technique	Fournisseur d'identité	Sujet	Fournisseur de services
Requête				
Enregistrement		fonctions		
Usage				
Terminaison				

TABLE 3.1: Cartographie synthétisée

3.3.1 Les acteurs

Les acteurs que nous présentons sont des rôles génériques que nous avons isolés dans chaque système de gestion d'identités. Ces rôles sont joués par des entités virtuelles au sein d'un système d'information. Nous détaillons ici les quatre rôles que nous avons identifiés. Lors de l'utilisation d'une identité, une entité pourra jouer plusieurs des rôles que nous allons préciser maintenant.

Le sujet

Comme nous l'avons indiqué, dans un système de gestion d'identités de type 1, l'identité numérique sert à établir une relation de confiance entre deux entités. Dans les SGI, le sujet représente l'entité désignée par l'identité numérique. Dans la littérature, le sujet est parfois appelé principal [56]. L'entité jouant le rôle du sujet est le plus souvent liée à un individu, mais elle peut aussi représenter tout autre type d'entité comme un groupe d'individus ou même un serveur de fichiers.

Le fournisseur de services (SP)

Dans un système d'information, le fournisseur de services est utilisé pour désigner une entité qui fournit un service à des particuliers ou des entreprises. Pour fournir ce service, ce dernier va devoir identifier le sujet qui en fait la requête. Dans un système informatique, il va chercher à identifier le sujet et afin de lui donner les bons droits d'accès. Un site Internet, un système d'exploitation, une application d'entreprise sont autant d'exemples de fournisseurs de services.

Le fournisseur d'identités (IdP)

Comme nous l'avons présenté, dans l'établissement d'une relation de confiance basée sur les politiques, le problème de la récursivité peut être résolu par l'ajout d'un tiers de confiance. C'est le cas par exemple dans les infrastructures de gestion de clés. De manière plus générale, l'entité qui joue ce rôle est appelée fournisseur d'identités. Ce fournisseur est en charge de l'attestation de l'identité. Dans ce modèle de confiance, pour que l'identité ainsi attestée permette au fournisseur de services de faire confiance au sujet, le fournisseur de services doit avoir pré-établi une relation de confiance avec ce fournisseur d'identités. Il est tout à fait possible que l'entité jouant le rôle de fournisseur d'identités joue également un autre rôle. Par exemple, un système d'exploitation gère habituellement les comptes des utilisateurs de manière locale. Il est donc à la fois fournisseur de services et fournisseur d'identités. De même, en fonction du niveau de confiance attendu, un individu peut jouer le rôle du sujet et du fournisseur d'identités. Par exemple, lors de l'inscription sur un site de commerce électronique, le site laisse généralement l'utilisateur entrer ses coordonnées personnelles et lui fait confiance pour la véracité de ces dernières.

L'opérateur technique (TOp)

Les trois acteurs sus-mentionnés sont courants pour le domaine de l'identité. Ainsi, on les retrouve dans tous les cas, même dans le monde physique. Par exemple, un commerçant, le fournisseur de services, peut demander à un acheteur, le sujet, de lui prouver qu'il est majeur si ce dernier souhaite acheter de l'alcool. L'acheteur va alors présenter une pièce d'identité qui aura été émise par un organisme, le fournisseur d'identités, en lequel le marchand a confiance (carte nationale d'identité, permis de conduire, ...). On voit au travers de cet exemple que ces trois acteurs sont assez facilement identifiables. Cependant, comme indiqué dans le chapitre précédent, un quatrième acteur que nous avons appelé l'opérateur technique est toujours présent dans un système d'information.

En effet, les identités numériques étant des données, elles sont transportées sur les réseaux d'un opérateur technique qui, pour ses besoins, enrichit cette identité avec des revendications contextuelles. Par exemple, sur le réseau Internet, chaque ordinateur possède une adresse IP unique qui permet de communiquer avec lui. Cette adresse IP peut être considérée comme une revendication contextuelle liée à toutes les identités numériques qui seront utilisées sur cet ordinateur. De même, comme pour toutes les données, le stockage des identités numériques entraîne également l'ajout de revendications contextuelles. C'est le cas, par exemple des clés primaires des bases de données. Ces revendications techniques nécessaires sont donc émises par un acteur particulier que nous avons décidé d'appeler opérateur technique.

3.3.2 Les fonctions

Pour permettre l'établissement d'une relation de confiance, les acteurs vont devoir assurer un certain nombre de fonctions. Nous avons identifié quatre types de fonctions :
- les fonctions de requête qui traitent les requêtes émises par les différents acteurs ;
- les fonctions d'enregistrement qui sont appelées dans les phases d'inscription ou d'enregistrement d'identité ;
- les fonctions d'usage qui sont appelées lorsque le sujet utilise une identité numérique pour établir une relation de confiance ;

– les fonctions terminales qui traitent la fin de la relation de confiance ou la suppression d'une identité numérique.

Ces fonctions sont réalisées par un ou plusieurs acteurs et dépendent d'un contexte d'exécution. Une fonction peut ainsi réaliser un traitement différent en fonction de ce contexte. Par exemple, le traitement de la requête faite à un fournisseur d'identités peut différer en fonction de l'origine de cette requête. C'est pourquoi nous avons également découpé les fonctions en actions élémentaires qui dépendent du contexte. Une action consiste en une entrée, un traitement et une sortie. Dans cette partie, nous allons présenter plusieurs fonctions de la cartographie en détaillant les actions qu'elles réalisent et en présentant le contexte dans lequel chaque fonction est appelée. Nous avons isolé en tout 36 fonctions différentes réparties selon nos quatre types. La liste complète des fonctions est consultable sur annexe A. Comme nous le montrons dans la partie suivante, certaines de ces fonctions ne sont pas actuellement utilisées dans les systèmes de gestion d'identité. Cependant, elles nous ont semblé importantes pour la gestion du cycle de vie des identités ainsi que pour la protection de la vie privée.

La figure 3.1 présente le détail de la fonction "contrôle" de l'identité. Cette action est réalisée par le fournisseur de services qui veut s'assurer de la validité d'une identité avant de fournir un service. Nous avons identifié deux contextes dans lequel cette fonction est réalisée qui dépendent de l'acteur qui a fourni l'identité du sujet. La fonction a donc été divisée en deux actions qui diffèrent par leurs entrées. Les deux actions traitent une identité attestée qui provient soit du sujet directement soit du fournisseur d'identités. Leur sortie est identique et il s'agit d'un contexte de sécurité chez le fournisseur de services. Le traitement réalisé est également identique, il consiste à vérifier la validité de l'identité, à créer un contexte de sécurité et à autoriser le service. Dans notre outil, les traitements sont liés à la fonction suivante désignée par son id ; ici la fonction suivante est la fourniture du service (SP25).

Check Identity				
Function Id : SP22				
Action Id :	Context		Actor	
a1	The subject provides his identity that has been attested by an IdP.	IN	Subject	Attested digital Identity
		OUT	SP	Security context (session) at SP.
		FUNCTION	Check the validity of the identity and autorize sevice at #SP25.a1	
a2	The IdP provides the identity of a subject.	IN	IdP	Attested digital Identity
		OUT	SP	Security context (session) at SP.
		FUNCTION	Check the validity of the identity and autorize sevice at #SP25.a1	

FIGURE 3.1 – Détail de la fonction "Contrôle de l'identité"

3.3.3 Cartographie complète

La cartographie complète est présentée sur la figure 3.2. Elle contient 36 fonctions réparties selon quatre types qui sont fonction du cycle de vie de l'identité. Ainsi, on trouve en haut les fonctions de requête qui sont le point d'entrée chez chaque acteur. Viennent ensuite les fonctions

correspondant à l'enregistrement ou l'enrôlement de l'identité. Les fonctions suivantes sont les
fonctions d'utilisation de l'identité. Enfin, les fonctions dites de terminaison, correspondent à la
fin d'utilisation ou à la destruction d'une identité.

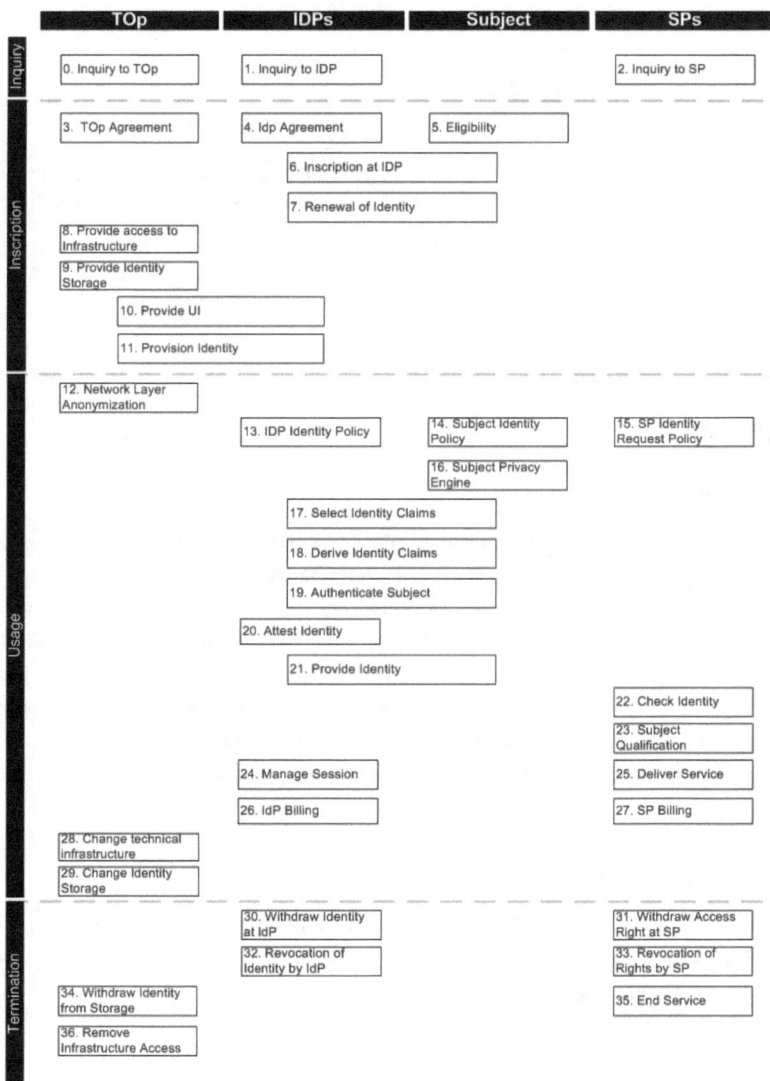

FIGURE 3.2 – Les 36 fonctions de la cartographie complète

Sécurité		Vie privée	
Attaques	Hypothèses	Attaques	Hypothèses
Usurpation	Authentification	Identification	Anonymat
Modification	Intégrité	traçabilité	Inassociabilité
Vol d'information	Confidentialité	Vol d'information	Confidentialité
Élévation de privilèges	Autorisation	Détection Observation	Indétectabilité Inobservabilité
Répudiation	Non-Répudiation	Non-Répudiation	Répudiation
Usage d'une identité incorrecte	Révocabilité	Usage d'informations éronnées	Conscience du contenu
Rejeu	Non-rejeu	Usage incorrect des données personnelles	Conformité à une politique, conscience du contenu

TABLE 3.2: Hypothèses de sécurité et de protection de la vie privée

3.4 Évaluation de la sécurité et de la protection de la vie privée

3.4.1 Modèle général

La cartographie en tant que telle permet de représenter un système de gestion d'identités et de comprendre le graphe des fonctions qui sont réalisées. Cependant, elle ne permet pas d'assurer qu'un SGI prenne en compte la protection de la vie privée ou qu'il soit sécurisé. Pour évaluer les SGI selon ces deux hypothèses, nous avons opté pour une démarche similaire à [39] en analysant les attaques possibles sur ces fonctions. Nous avons proposé pour chaque fonction un ensemble d'hypothèses de sécurité et de protection de la vie privée. Ces hypothèses reprennent les propriétés définies dans le premier chapitre et permettent ainsi au framework de s'inscrire dans les efforts de recherche actuels. Le tableau 3.2 détaille ces hypothèses.

3.4.2 Évaluation d'un SGI

Afin d'évaluer la sécurité globale d'un SGI, nous vérifions pour chaque fonction appelée les hypothèses respectées ou non. Pour chacune de ces hypothèses, nous attribuons une note entre 0 et 1 selon la règle suivante :

$$
\begin{cases}
Note = & 0 \quad \text{si l'hypothèse n'est pas respectée} \\
Note = & 0.5 \quad \text{si l'hypothèse est optionnelle} \\
Note = & 1 \quad \text{si l'hypothèse est respectée}
\end{cases}
$$

Cette notation permet d'obtenir un pourcentage des hypothèses respectées par rapport au total des hypothèses pour les fonctions utilisées. Une pondération de ces scores est envisageable, par exemple à l'aide de données expertes.

3.4.3 Illustration sur une fonction

A titre d'exemple, nous illustrons cette partie sur la fonction "Politique de requête de l'identité" en charge d'exprimer les attentes d'un fournisseur de services en terme d'identité et à l'exprimer sous la forme de politique. Nous avons utilisé le terme de politique pour rester général, mais le fait de demander un login mot de passe sur un site Internet constitue en soit une politique d'identité. Les actions de cette fonction sont présentées sur la figure 3.3. On constate que cette fonction peut être appelée dans deux contextes différents : soit le fournisseur de services est directement lié à un fournisseur d'identités et va envoyer sa politique directement à ce dernier, soit il va la soumettre au sujet qui contactera ensuite un IdP.

La première attaque exhibée lors de l'étude de cette fonction est une attaque d'usurpation d'identité du SP (phishing). En effet, le sujet et l'IdP traitant la politique n'ont pas la possibilité en l'état de vérifier que cette dernière provient bien d'un fournisseur de services légitime. Afin de contrer ce type d'attaque, la première hypothèse proposée a donc été de demander à ce que cette politique contienne l'identité publique du SP. Ceci permet de vérifier sa provenance à l'aide d'une signature par exemple. Dans le cas où la politique est destinée à un IdP bien précis, il est également important pour le SP d'authentifier ce dernier avant de lui soumettre une demande. L'authentification de l'IdP par le SP constitue donc la deuxième hypothèse de sécurité que nous proposons pour cette fonction.

La fonction intervenant avant que le sujet ait été authentifié par le fournisseur de services, il est donc important qu'aucune collecte d'information le concernant ne soit faite. Ceci constitue la première hypothèse de protection de la vie privée que nous émettons, à savoir que l'anonymat du sujet soit préservé. La requête d'identité se fait à travers l'expression d'une politique d'identité. Cette dernière doit être générale et ne pas pouvoir être liée à un sujet en particulier. De même, le fournisseur de services se doit d'expliquer dans sa requête quels usages il va faire des informations recueillies afin d'assurer la propriété de conformité à une politique et de consentement de l'utilisateur. Le tableau 3.3 présente ces hypothèses pour les actions de la fonction "Politique de requête de l'identité".

3.4.4 Récursivité

Comme nous l'avons déjà mentionné, un des problèmes de la compréhension d'un système de gestion d'identités est la récursivité de l'identité. En effet, dans l'exemple du paragraphe 3.4.3, nous avons énoncé l'hypothèse que le fournisseur d'identités devait être authentifié par le fournisseur de services. Cette authentification, constitue la création d'une autre relation de confiance entre le SP et l'IdP et peut donc être modélisée sur une autre cartographie. Afin de représenter l'ensemble d'un processus de gestion d'identité, plusieurs cartographies sont donc

SP identity Request						
Policy						
Function id :SP15						
Action id	Context		Actor		Security assumptions	Privacy assumptions
a1	The SP has received a request to access a service from a subject. The SP has an identity policy to access the service	IN	SP	Request for service		The subject that has requested the service is anonymous
		OUT	SP	A policy to access a service	The Request must convey the public identity of the SP (directed id).	The policy request should be unlinkable to the subject
		FUNCTION	Request the identity of the subject with the identity policy to #S14.a1			The policy request should contain SP's privacy policy
a2	The SP has received a request to access a service from a subject. The SP has an identity policy to access the service that require the identity to be attested by a specific IdP and will request it directly.	IN	SP	Request for service		The subject that has requested the service is anonymous
		OUT	SP	A policy to access a service	The Request must convey the public identity of the SP (directed id). The SP must authenticate the IdP	The policy request should be unlinkable to the subject
		FUNCTION	Request the identity of the subject with the identity policy to #I1.a3			The policy request should contain SP's privacy policy

FIGURE 3.3 – Détail de la fonction "Contrôle de l'identité"

nécessaires, qui sont chaînées entres elles au travers des hypothèses de sécurité ou de vie privée. La représentation de la figure 3.4 permet de rendre compte de cette récursivité. Si on considère un système de gestion d'identités à analyser, chacune des fonctions déclenchées dispose d'un identifiant unique dans une cartographie, par exemple X_{15} pour la fonction "Politique de requête de l'identité" de la cartographie X. Un système complet consiste donc en un vecteur dont les coordonnées sont les fonctions utilisées tour à tour dans les diverses cartographies rencontrées.

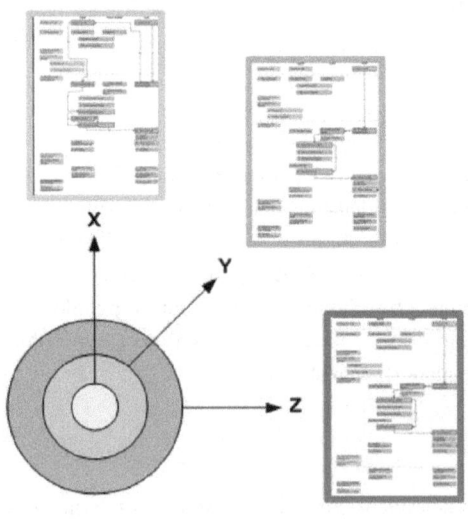

$$IMS= \{X_2, Y_2, Y_{15}, \ldots, Y_{25}, X_{14}, \ldots, Z_{25}, Y_{25}, X_{17}, \ldots, X_{25}\}$$

FIGURE 3.4 – Représentation récursive avec la cartographie

3.5 Illustration de la méthodologie

D ANS cette partie, nous illustrons notre méthodologie sur les principaux systèmes de gestion d'identités présentés dans le chapitre précédent. L'objectif est, tout d'abord de comprendre ces derniers à l'aide des graphes de fonctions mais également de les évaluer en regard des hypothèses de protection de la vie privée et de sécurité. Nous illustrons tout d'abord la méthodologie complète sur la solution OpenId puis présentons nos résultats sur les autres systèmes de gestion d'identités.

3.5.1 OpenId

Le premier système de gestion d'identités sur lequel nous illustrons notre framework est OpenId. Ce système suit le modèle en ligne et détaille les interactions entre un fournisseur de services appelé "Relying party", un fournisseur d'identités appelé "OpenId provider" et un sujet ou utilisateur.

Mapping sur la cartographie

La première étape de l'utilisation de notre méthodologie consiste à exhiber les fonctions appelées par la solution OpenId. La première fonction appelée implicitement dans le protocole est la requête d'un service chez un fournisseur. Nous avons appelé cette fonction *Inquiry to SP*. Le SP va alors demander à l'utilisateur un OpenId, nous avons considéré que cela constituait un appel à la fonction *SP Identity request policy*. L'utilisateur va alors entrer son OpenId qui est un URI comme nous l'avons vu dans le chapitre précédent. Ceci constitue un appel à la fonction *Provide Identity*. Le SP va traiter cet OpenId afin de connaitre l'IdP qui pourra attester de l'identité, il s'agit de la fonction *Subject Qualification*. Une fois le fournisseur d'identités reconnu, le service provider redirige l'utilisateur sur le site de ce dernier en appelant la fonction *Inquiry to IdP*. L'IdP authentifie l'utilisateur (*Authenticate Subject*) et atteste l'identité (*Attest Identity*) avant de l'envoyer au SP. Enfin le SP vérifie cette identité (*Check Identity*) et enfin fournit le service (*Provide Service*). Cet enchaînement de fonctions est présenté sur la Figure 3.5 où l'on peut constater que beaucoup des fonctions ne sont pas utilisées, notamment celles spécialement définies pour la protection de la vie privée.

Evaluation

La liste des fonctions appelées permet de comprendre le fonctionnement du protocole et elle permet également de tirer certaines conclusions. Cependant, elle ne suffit pas pour évaluer la sécurité de la solution ou son niveau de protection pour la vie privée. Afin de permettre cette évaluation, nous étudions pour chaque fonction appelée son respect ou non de nos hypothèses de sécurité. Le résultat de cette analyse peut se lire sur les tableaux 3.6 et 3.7.

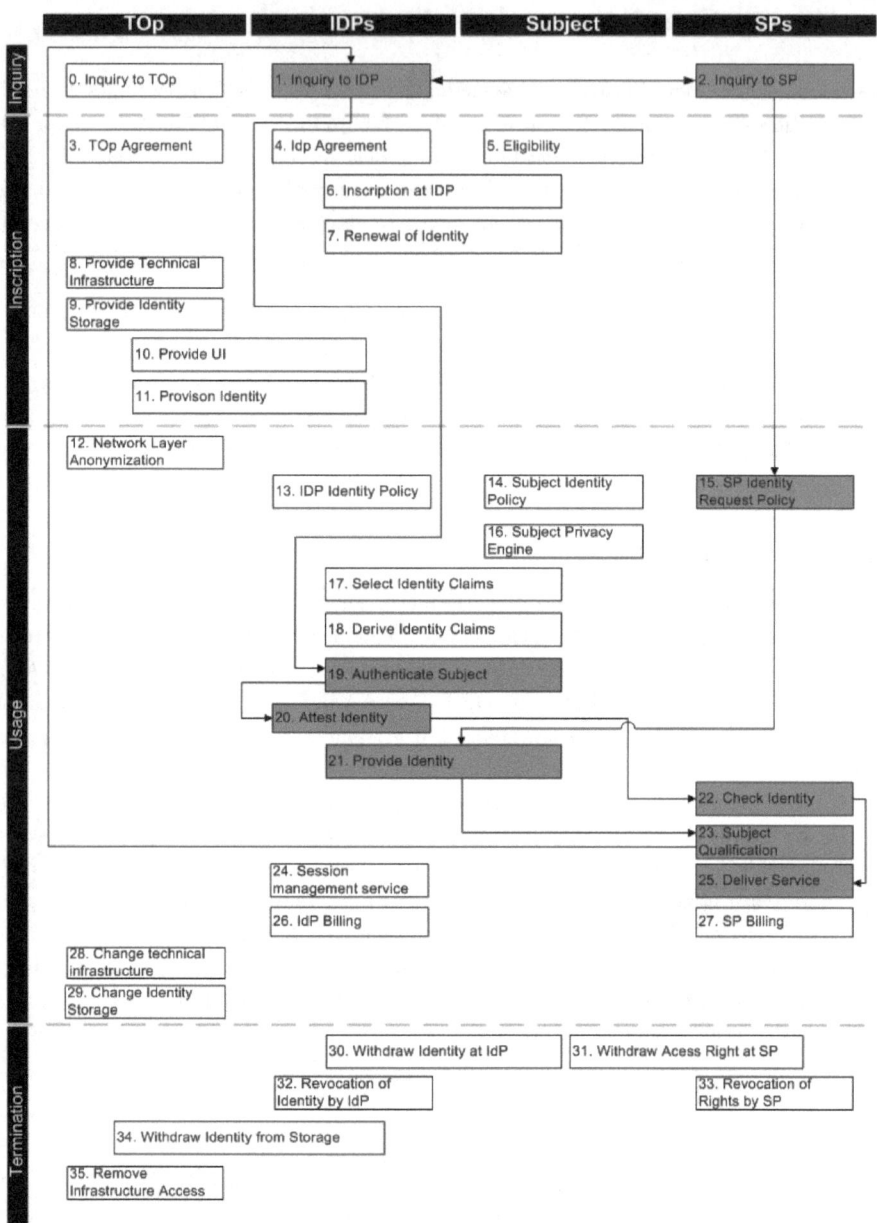

FIGURE 3.5 – Mapping du protocole OpenId sur la cartographie

La première fonction appelée est *Inquiry to SP* ; comme il s'agit d'une fonction d'initialisation, aucune propriété de sécurité particulière n'est attendue. En revanche, on attend dès l'initialisation certaines propriétés visant à protéger la vie privée. La première d'entre elles concerne l'anonymat de l'utilisateur qui doit être préservé. Celui ci ne s'étant pas encore authentifié sur le site, on considère que vis à vis de l'identité numérique qu'il veut utiliser, le sujet est bien anonyme. Cependant, sa visite sur le site n'est pas inobservable et on peut la lier avec une visite ultérieure en se basant sur une identité technique comme l'adresse IP par exemple. La fonction suivante appelée est *SP identity request policy* ; elle repose sur une hypothèse de sécurité qui est que le fournisseur de services doit transmettre avec sa requête un moyen de l'authentifier. Cette hypothèse n'est pas respectée dans OpenId. Elle suppose également l'anonymat de l'utilisateur qui est là encore respecté, cependant pour les mêmes raisons que précédemment l'inassociabilité n'est pas assurée. En outre, le protocole ne prévoit pas de moyen d'exprimer une politique de vie privée. L'utilisateur saisit ensuite son OpenId ; ici le fait de ne pas utiliser de connexion sécurisée empêche le respect de l'hypothèse de confidentialité ainsi que celle d'inobservabilité. De surcroît, l'OpenId étant une URL, la propriété de non-répudiation ne peut pas être respectée. L'étape suivante se déroule chez le fournisseur de services qui qualifie l'identité fournie. Cette qualification doit se faire de manière confidentielle ce qui n'est pas précisé pour OpenId.

Une fois la qualification de l'OpenId effectuée, le SP va rediriger le sujet chez son IdP avec une requête d'authentification qui est gérée par la fonction *Iquiry to IdP*. Le protocole OpenId ne propose pas de mécanismes assurant les trois propriétés de sécurité attendues, à savoir : l'authentification de l'IdP par le sujet, l'authentification du SP par l'IdP et la confidentialité. Cependant, le protocole préconise l'utilisation d'OpenId avec un protocole sécurisé comme TLS. Les hypothèses concernant la vie privée d'inobservabilité et de respect d'une politique de vie privée ne sont également pas respectées. Dans OpenId, l'authentification du sujet est laissée à la discrétion du fournisseur d'identités, le protocole ne permet donc pas de garantir l'inassociabilité ou la confidentialité. De même, l'attestation de l'identité (*Attest Identity*) contient des informations en clair et permet donc d'associer deux attestations entre elles. Cependant, la réponse étant signée par l'IdP et contenant une date d'émission, la fonction assure l'intégrité, la validité et la non répudiation et protège le protocole contre le rejeu. La fonction *Provide identity* qui est appelée ensuite ne permet pas, elle non plus, d'assurer les propriétés d'inobservabilité et de confidentialité, mais assure la non-répudiation. L'avant dernière fonction impliquée est *Check Identity* dont la confidentialité n'est pas prévue dans OpenId. Enfin, la fonction *Deliver Service* qui s'assure de fournir le service vérifie nécessairement les deux hypothèses de sécurité qui sont que le sujet a été authentifié et que la non-répudiation est bien assurée. Par contre, la fonction ne peut pas vérifier l'hypothèse de protection de vie privée qui est que le sujet a consenti à une politique pour protéger sa vie privée, puisque OpenId ne propose pas de telle politique.

A l'aide de cette analyse, nous avons pu exhiber plusieurs hypothèses qui ne sont pas respectées dans le protocole OpenId. Ainsi, la solution obtient une note de 47% en sécurité et de 15% en protection de la vie privée. La principale limitation d'OpenId est l'absence de

Cartography steps	Security requirements							
	IdP Authentication	Subject Authentication	SP Authentication	Confidentiality	Integrity	Date Validity	Non Repudiation	No Replay
1: Inquiry to SP								
2: SP identity request policy			■					
3: Provide Identity				■			■	
4: Subject Qualification								
5: Inquiry to IdP	?		?	?				
6: Authenticate Subject								
7: Attest Identity					✓	✓	✓	✓
8: Provide Identity							✓	
9: Check identity								
10: Deliver service		✓					✓	
SCORE	≈ 47%							

	Cartography Requirements
?	Optionnal Requirements
✓	Fulfilled Requirements

FIGURE 3.6 – Récapitulatif de l'analyse des hypothèses de sécurité dans OpenId

confidentialité lorsqu'il n'est pas utilisé au-dessus d'un protocole comme TLS pour l'assurer. En outre, l'absence d'authentification entre l'IdP et le SP et entre le sujet et son IdP rend possible des attaques de type phishing. Le score concernant la protection de la vie privée est également impacté par l'absence de confidentialité ainsi que par l'absence de politique de protection de la vie privée.

3.5.2 Oauth

Oauth est le deuxième protocole que nous avons cartographié. Il s'intéresse directement à l'autorisation et pas uniquement à l'authentification comme le fait OpenId. Dans ce protocole, un site appelé consommateur va jouer le rôle du fournisseur de services. Le fournisseur de services au sens Oauth joue par ailleurs le rôle de fournisseur d'identités sur la cartographie, alors que l'utilisateur joue le rôle du sujet.

Mapping sur la cartographie

A l'instar d'OpenId, la première fonction appelée est *Inquiry to SP* chez le fournisseur de services. Le fournisseur de services va alors demander à l'utilisateur de choisir son fournisseur d'identités, ce qui constitue un appel à la fonction *SP Identity Request Policy*, et demander une créance temporaire appelée jeton de requête. Cette demande est traitée par la fonction *Inquiry to IdP* du côté de l'IdP. Une fois ce jeton reçu (*SP Identity Request Policy*), le SP va rediriger le sujet chez l'IdP avec ce jeton de requête (*Inquiry to IdP*). L'IdP va alors authentifier le sujet en appelant la fonction *Authenticate Sujbect* puis lui demander son consentement, ce que

Cartography steps	Privacy requirements				
	Anonymity	Unobservability	Unlinkability	Policy Compliance	Possible denial
1: Inquiry to SP	✔				
2: SP identity request policy	✔				
3: Provide identity					
4: Subject Qualification					
5: Inquiry to IdP					
6: Authenticate Subject					
7: Attest Identity					
8: Provide identity					
9: Check identity					
10: Deliver service					
SCORE	≈ 15%				

	Cartography Requirements
?	Optionnal Requirements
✔	Fulfilled Requirements

FIGURE 3.7 – Récapitulatif de l'analyse des hypothèses de protection de la vie privée dans OpenId

nous avons assimilé à la fonction *Select Identity Claims*. L'IdP va alors signer (*Attest Identity*) et émettre (*Provide identity*) une autorisation pour le service provider qui va l'utiliser pour requêter un jeton d'accès (*Inquiry to IdP*) auprès du fournisseur d'identités. Ce dernier analyse la demande (*IDP Identity Policy*) et atteste (*Attest Identity*) puis fournit (*Provide identity*) un jeton d'accès pour le SP qui va pouvoir l'utiliser pour obtenir les ressources voulues (*Deliver service*).

Évaluation

Comme nous l'avons vu précédemment pour le cas d'OpenId, la fonction *Inquiry to SP* ne suppose que trois hypothèses de protection de la vie privée qui sont : l'anonymat du sujet, l'inobservabilité et l'inassociabilité. Dans le cas d'OAuth, tout comme pour OpenId, on considère que l'anonymat de l'utilisateur est respecté. Cependant, la requête peut être associée à une autre requête et reste observable. La deuxième fonction appelée *SP Identity Request Policy*, suppose elle aussi l'anonymat du sujet et émet un jeton de requête pour le fournisseur d'identités. Ce

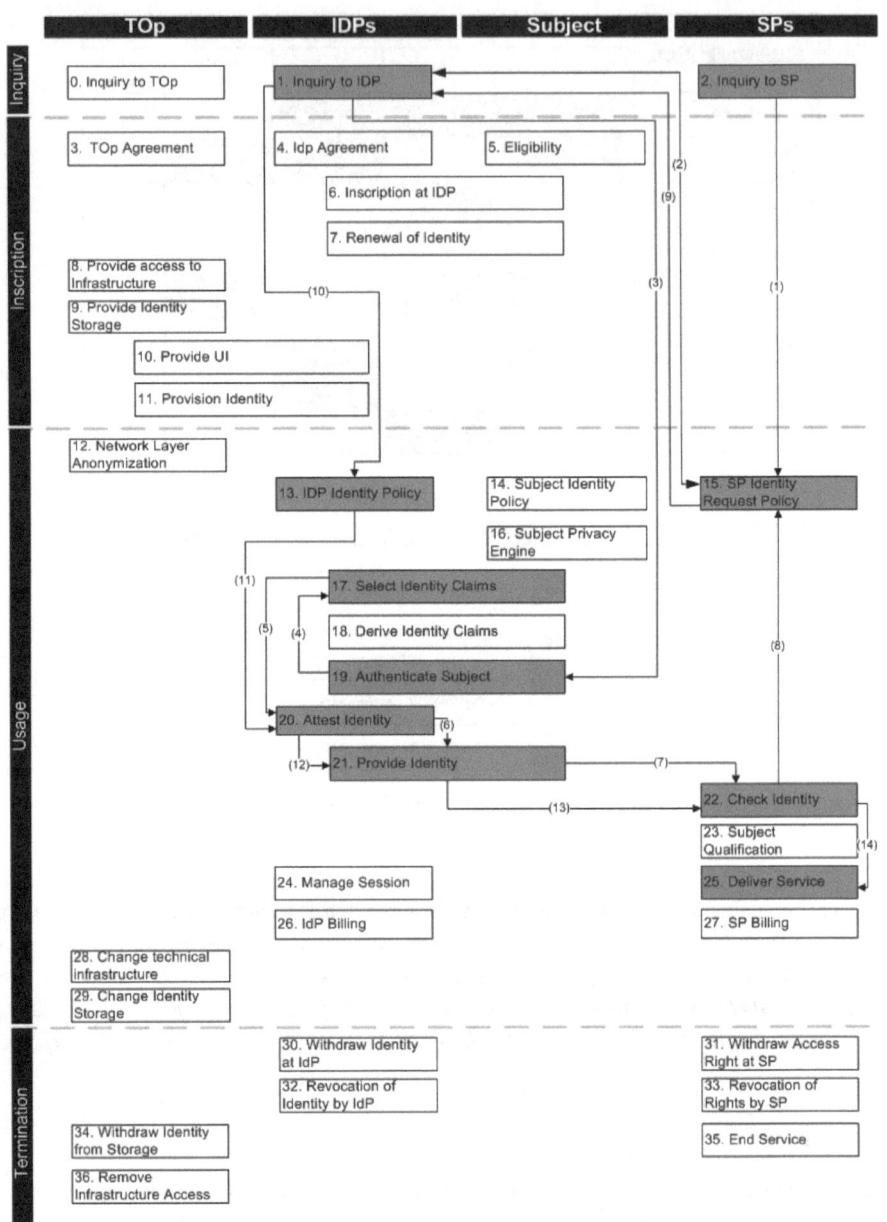

FIGURE 3.8 – Mapping du protocole Oauth sur la cartographie

jeton ne contenant aucune information sur l'identité du sujet, l'hypothèse d'inassociabilité est donc respectée pour cette fonction. De même, le SP signe sa requête à l'aide d'une créance client et on peut considérer que cela constitue son identité publique. Par contre, Oauth ne propose pas de mécanisme pour exprimer une politique de protection de la vie privée à ce niveau.

La demande du jeton de requête est traitée par l'IdP avec la fonction *Inquiry to IdP*, cette dernière assurant l'authentification du SP. Le protocole demande également l'utilisation d'une communication chiffrée afin d'assurer la confidentialité de la réponse de l'IdP ; cependant le protocole n'assure pas directement cette fonctionnalité. C'est pour cette raison que nous avons noté ces hypothèses comme optionnelles dans le récapitulatif. Une fois le jeton de requête reçu (*SP Identity Request Policy*), le SP redirige le sujet chez l'IdP avec ce jeton de requête (*Inquiry to IdP*). Là encore, les hypothèses d'anonymat et d'inassociabilité sont respectées vis à vis de l'identité du sujet chez le SP et ce dernier a été authentifié par l'IdP. La requête faite chez l'IdP contient également une politique sur l'accès demandé. Au niveau de la sécurité, l'authentification de son IdP par le sujet n'est pas prévue et l'utilisation d'une connexion chiffrée est optionnelle. L'étape suivante chez l'IdP est d'authentifier le sujet (*Authenticate Sujbect*) ; comme pour OpenId l'implémentation de cette fonction n'est pas précisée et on suppose donc qu'aucune hypothèse n'est couverte par Oauth. Le sujet va alors autoriser l'utilisation de ses ressources par le fournisseur de services, ce que nous qualifions de sélection d'identité (*Select Identity Claims*). L'hypothèse de protection de la vie privée attendue est le respect d'une politique d'identité, ce qui est réalisé puisque l'utilisateur a été confronté au choix de donner l'accès aux données. La propriété de non répudiation est également assurée. Dans la suite du protocole, Oauth atteste et marque le jeton temporaire avec l'autorisation de l'utilisateur (*Attest Identity*) et l'envoie au SP (*Provide identity*). Dans ces fonctions, seule l'hypothèse de confidentialité n'est pas respectée par le caratère optionnel du chiffrement des transmissions.

Le fournisseur de services vérifie l'autorisation reçue (*Check Identity*), puis utilise la créance temporaire pour demander une créance d'accès à l'IdP (*SP Identity Request Policy* puis *Inquiry to IdP*). Pour la vérification de la créance temporaire, la confidentialité est attendue mais ne peut pas être respectée. Les hypothèses pour la demande de créance sont respectées elles aussi, hormis l'authentification de l'IdP. Une fois la requête reçue, l'IdP vérifie que cette dernière est conforme en appelant la fonction *IdP Identity Policy* dont les hypothèses sont respectées. L'IdP signe enfin un jeton d'accès qu'il va fournir au SP. Une fois encore les hypothèses sont respectées à l'exception de l'hypothèse de confidentialité qui reste optionnelle. Enfin, le SP vérifie ce jeton (*Check Identity*) et l'utilise pour demander l'accès aux données (*Deliver service*).

Au niveau de la sécurité, la principale limitation d'Oauth concerne la confidentialité de certaines fonctions. Ce problème permet à un observateur de lire les créances et par exemple de lancer des attaques offline (force brute). Dans les faits, le protocole Oauth ne présente pas en lui-même de mécanisme pour résoudre ce problème, cependant, il préconise à plusieurs reprises l'utilisation d'un canal sécurisé notamment par TLS. Un autre défaut d'Oauth concerne

Cartography steps	Security requirements							
	IdP Authentication	Subject Authentication	SP Authentication	Confidentiality	Integrity	Date Validity	Non Repudiation	No Replay
1: Inquiry to SP								
2: SP identity request policy			?					
3: Inquiry to IdP			✔	?				
4: SP identity request policy			✔					
5: Inquiry to IdP			✔	?				
6: Authenticate Subject				?				
7: Select Identity Claims				?			✔	
8: Attest Identity				?	✔	✔	✔	✔
9: Provide identity				?			✔	
10: Check identity				?				
11: SP identity request policy			✔					
12: Inquiry to IdP			✔	?				
13: IDP Identity Policy			✔	?				
14: Attest Identity				?	✔	✔	✔	✔
15: Provide identity				?			✔	
16: Check identity				?				
17: Deliver service		✔					✔	
SCORE	≈ 73%							

	Cartography Requirements
?	Optionnal Requirements
✔	Fulfilled Requirements

FIGURE 3.9 – Récapitulatif de l'analyse des hypothèses de sécurité dans OAuth

l'authentification de l'IdP qui permet comme dans le cas d'OpenId de réaliser des attaques de type phishing. Malgré ces deux limitations, le protocole est bien sécurisé et obtient un score de 73%. Au niveau de la protection de la vie privée, Oauth souffre également du manque de confidentialité pour garantir l'inobservabilité. Cependant, il est important de noter que le protocole permet de réaliser une authentification de manière anonyme chez un SP. Avec notre méthodologie, Oauth obtient un score de 57% pour la protection de la vie privée.

Cartography steps	Privacy requirements				
	Anonymity	Unobservability	Unlinkability	Policy Compliance	Possible denial
1: Inquiry to SP	✔	▓	▓		
2: SP identity request policy	✔		✔	▓	
3: Inquiry to IdP		?		▓	
4: SP identity request policy	✔		✔	▓	
5: Inquiry to IdP		?		✔	
6: Authenticate Subject		▓		▓	
7: Select Identity Claims		?		✔	
8: Attest Identity			✔		
9: Provide identity		?			
10: Check identity					
11: SP identity request policy	✔			✔	
12: Inquiry to IdP		?		✔	
13: IDP Identity Policy		?		✔	
14: Attest Identity			▓		
15: Provide identity		?			
16: Check identity					
17: Deliver service				✔	
SCORE	≈ 57%				

▓	Cartography Requirements
?	Optionnal Requirements
✔	Fulfilled Requirements

FIGURE 3.10 – Récapitulatif de l'analyse des hypothèses de protection de la vie privée dans OAuth

3.5.3 Shibboleth (Web SSO & SAML2)

Dans cette section, nous évaluons la solution Shibboleth [58] basée sur SAML. Cette dernière définit des profils additionnels pour gérer les échanges entre un fournisseur d'identités et un fournisseur de services. Pour Shibboleth, un IdP regroupe 5 entités : un service d'authentification, un service d'émission d'attributs, un service de SSO, un service de transfert inter-sites et enfin un service de résolution d'artefacts. De son côté, le fournisseur de services regroupe un service de requête d'attributs et un service consommateur d'assertions. Tous ces services sont représentés par une ou plusieurs fonctions à l'intérieur de la cartographie.

Mapping sur la cartographie

Comme pour les autres solutions, le protocole commence par la requête d'une ressource ou d'un service. La première fonction appelée est donc *Inquiry to SP*, le SP qui nécessite que le sujet soit identifié va demander une identité à un fournisseur d'identités à l'aide de la fonction *SP Identity Request Policy*. La requête est ensuite traitée par la fonction *Inquiry to IdP*, le fournisseur d'identités route alors cette requête au service SSO (*Session Management Service*) qui va appeler la fonction *IdP Identity Policy* pour décider si la demande est conforme à la politique du sujet chez l'IdP et si une nouvelle authentification est nécessaire. Dans ce dernier cas, les fonctions suivantes appelées sont *Authenticate Subject* puis *Attest Identity*. Ensuite, l'IdP va fournir l'identité (*Provide Identity*) et selon le type de lien utilisé, les étapes suivantes seront modifiées. Dans le cas d'un lien POST [3], l'identité est directement fournie sous la forme d'une assertion SAML et les étapes suivantes seront la vérification de l'identité (*Check Identity*) et la fourniture du service (*Deliver Service*). Dans le cas de l'utilisation de lien avec artefact [4], le SP va devoir qualifier l'artefact (*Subject Qualification*).

Une fois la qualification réalisée par le SP, ce dernier va demander l'identité à l'IdP à partir de l'artefact. La fonction utilisée est une fois encore *Inquiry to IdP* chez l'IdP qui va transmettre la requête à *IdP Identity Policy*. En fonction de l'artefact, l'IdP va attester (*Attest Identity*) une identité et la fournir au SP (*Provide Identity*). Tout comme pour le cas sans artefact, le SP va vérifier et créer un contexte de sécurité pour ce sujet.

Évaluation

La première chose à noter quant à la sécurité de Shibboleth est le fait que l'authentification des acteurs, la confidentialité et l'intégrité ne sont pas obligatoires dans SAML. Cependant, l'utilisation d'une liaison chiffrée avec SSL ou TLS est obligatoire, ce qui permet de respecter ces trois hypothèses. Comme pour les autres solutions, nous allons donc marquer ces hypothèses comme optionnelles pour les fonctions les nécessitant.

Les premières fonctions sont, comme pour OpenId et Oauth, *Inquiry to SP* et *SP Identity Request Policy* et les hypothèses respectées sont les mêmes que pour ces solutions. La fonction

---

3. POST Binding
4. Artifact Binding

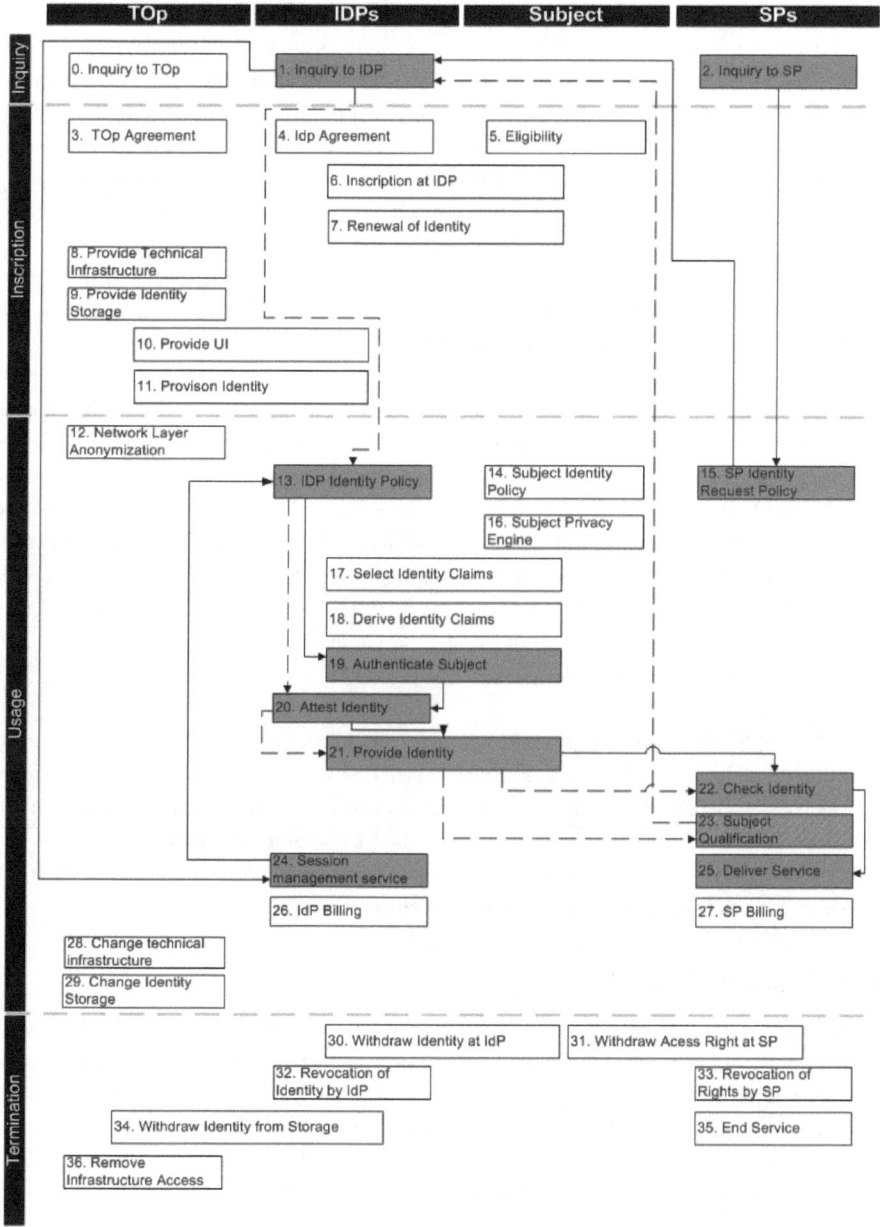

FIGURE 3.11 – Mapping du profil Web SSO proposé par Shibboleth sur la cartographie

suivante, *Inquiry to IdP*, suppose que l'IdP a été authentifié par le SP et réciproquement ; comme vu précédemment, ces hypothèses sont vérifiées par l'utilisation de certificats avec TLS. La fonction *Session Management Service* réalisée ensuite doit être confidentielle et inobservable, ce qui est là encore optionnel. Par contre, le protocole ne propose pas de méthode d'expression de politique de protection de la vie privée. De même, l'authentification du sujet est laissée à la discrétion de l'IdP ce qui ne permet pas de valider les hypothèses concernant cette fonction. L'attestation de l'identité réalisée par l'IdP peut être faite soit sur une réponse SAML soit sur un artefact. Les propriétés de sécurité respectées sont la confidentialité, l'intégrité, la non-répudiation, la validité et la protection contre le rejeu. En revanche, l'inassociabilité n'est pas respectée. Pour la fourniture de l'identité (artefact ou réponse SAML), les propriétés sont bien respectées encore une fois à l'aide de la liaison TLS.

Dans le cas de l'utilisation d'un artefact, ce dernier va servir au SP pour obtenir une réponse SAML auprès de l'IdP. Pour cela, la fonction *Subject Qualification* est appelée ; elle ne suppose que la confidentialité lors de la qualification ce qui est bien réalisé. Le SP demande ensuite l'identité à l'IdP (*Inquiry to IdP*) en respectant les hypothèses de sécurité, mais en ne proposant pas de politique de protection de la vie privée avec sa demande. L'IdP atteste l'identité demandée et l'envoie, comme lors de l'envoi d'une réponse directe ; les propriétés de sécurité sont respectées mais pas la propriété d'inassociabilité. Enfin, les hypothèses de sécurité des fonctions finales sont respectées, mais l'hypothèse de protection de la vie privée qui concerne l'accord avec une politique de vie privée n'est pas respectée.

La solution de Shibboleth propose un bon niveau de sécurité (71%) du fait notamment de l'utilisation d'une liaison chiffrée avec TLS. Par ailleurs, le niveau de protection de la vie privée peut sembler assez faible (25%), mais il est principalement lié à la nature d'une solution de SSO qui suppose le minimum d'interaction avec l'utilisateur et ne propose pas de politiques pour la protection de la vie privée. Cependant, SAML permet l'utilisation d'identifiants éphémères ce qui permet potentiellement d'assurer l'anonymat des utilisateurs vis à vis des SPs.

3.5.4   Infocard (WS-*)

Nous continuons la revue des SGI par une évaluation de la solution Infocard [119] qui propose l'implémentation d'un sélecteur d'identités sur le poste client. Cette solution décrit les interactions entre un sélecteur d'identités utilisé par le sujet, une "relying party" jouant le rôle du fournisseur de services et d'un fournisseur d'identités. La plus connue des implémentations, Cardspace, a été proposée par Microsoft. Cependant, ici nous ne nous intéressons qu'aux spécifications ouvertes du sélecteur d'identités et pas à la solution de Microsoft.

Mapping sur la cartographie

Comme pour les autres solutions, les deux premières fonctions appelées sont *Inquiry to SP* et *SP Identity Request Policy* qui traitent la requête formulée par le sujet lors de sa visite chez

Cartography steps	Security requirements							
	IdP Authentication	Subject Authentication	SP Authentication	Confidentiality	Integrity	Date Validity	Non Repudiation	No Replay
1: Inquiry to SP								
2: SP identity request policy			?					
5: Inquiry to IdP	?		?	?				
3: Session Management Service			?					
13: IDP Identity Policy			?	?				
6: Authenticate Subject				?				
7: Attest Identity				?	✔	✔	✔	✔
3: Provide identity				?			✔	
4: Subject Qualification				?				
5: Inquiry to IdP	?		?	?				
7: Attest Identity				?	✔	✔	✔	✔
8: Provide identity				?			✔	
9: Check identity				?				
10: Deliver service		✔					✔	
SCORE	≈ 71%							

	Optionnal Function
	Cartography Requirements
?	Optionnal Requirements
✔	Fulfilled Requirements

FIGURE 3.12 – Récapitulatif de l'analyse des hypothèses de sécurité de Shibboleth

un SP supportant Infocard. Ce dernier va demander le lancement d'un client chez le sujet, le sélecteur d'identité. La fonction suivante est *Subject Identity Policy* qui est en charge d'étudier la requête faites par le SP et de présenter au sujet un ensemble de "cartes virtuelles" permettant à ce dernier de répondre à la demande du SP. Le sujet sélectionne alors une de ces cartes (*Select Identity Claims*) et le sélecteur d'identité contacte l'IdP capable d'émettre ces "claims" (*Inquiry to IdP*). De son côté, l'IdP va analyser la requête (*IdP Identity Policy*) et demander au sujet de s'authentifier (*Authenticate subject*). Une fois le sujet authentifié, l'IdP va signer (*Attest Identity*) et émettre (*Provide Identity*) un jeton contenant les "claims" attendus pour le client. Ce dernier retransmet ce jeton au SP qui le vérifie (*Check Identity*) et fournit le service en conséquence (*Deliver Service*).

Cartography steps	Privacy requirements				
	Anonymity	Unobservability	Unlinkability	Policy Compliance	Possible denial
1: Inquiry to SP	✔				
2: SP identity request policy	✔				
5: Inquiry to IdP		?			
3: Session Management Service		?			
13: IDP Identity Policy		?			
6: Authenticate Subject			✔		
7: Attest Identity			✔		
3: Provide identity		?			
4: Subject Qualification					
5: Inquiry to IdP		?			
7: Attest Identity					
8: Provide identity		?			
9: Check identity					
10: Deliver service					
SCORE	≈ 37%				

	Optionnal Function
	Cartography Requirements
?	Optionnal Requirements
✔	Fulfilled Requirements

FIGURE 3.13 – Récapitulatif de l'analyse des hypothèses de protection de la vie privée de Shibboleth

Évaluation

Comme pour les autres systèmes de gestion d'identités, la première fonction appelée correspond à la requête du service et ne suppose pas d'hypothèses de sécurité. Cependant, ici, seul l'anonymat vis à vis de l'identité à exprimer est respecté parmi les hypothèses de protection de la vie privée. Dans Infocard, la requête d'identité formulée par le SP (*SP Identity Request Policy*) respecte les propriétés de protection de la vie privée, notamment en explicitant une politique sur le traitement des données. De même, l'hypothèse selon laquelle le SP doit fournir son identité publique dans le but d'être authentifié est respectée. Cette demande d'identité est analysée par le sélecteur d'identités qui appelle la fonction *Subject Identity Policy* en vérifiant les hypothèses posées et notamment celles de déni possible et de respect de la politique de vie privée. La fonction suivante, *Select Identity Claims*, permet à l'utilisateur de sélectionner une

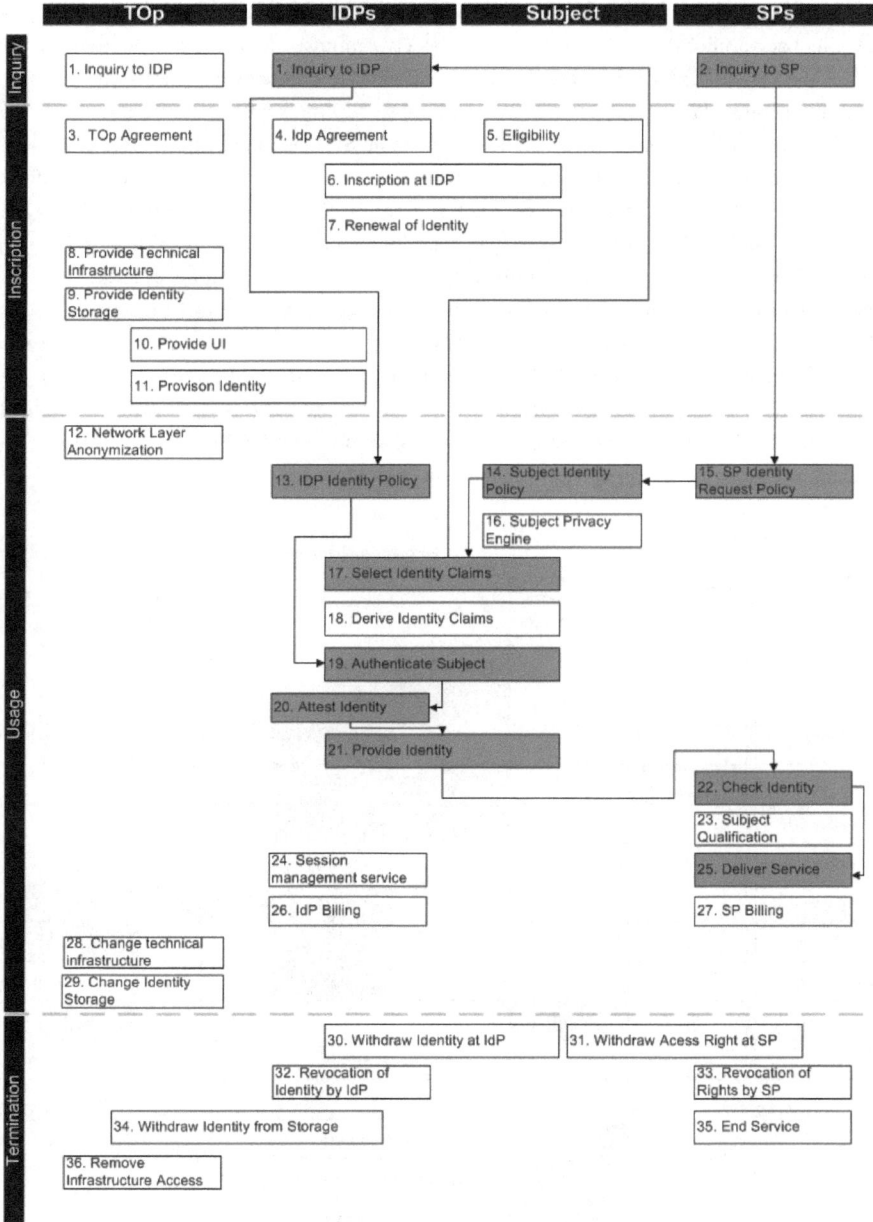

FIGURE 3.14 – Mapping d'Infocard basé sur WS-* sur la cartographie

Infocard permettant de répondre à la demande du SP. Cette étape se déroulant sur le poste client, l'inobservabilité de la sélection ne peut pas être garantie de même que la confidentialité. Une fois le choix de l'Infocard réalisé, le sélecteur d'identité demande au fournisseur d'identités les "claims" voulus (*Inquiry to IdP*). Cette demande se fait après authentification de l'IdP et de manière confidentielle; en outre l'IdP vérifie l'identité du SP demandeur. Pour cette fonction, les hypothèses de protection de vie privée que sont l'inobservabilité et la conformité à la politique de vie privée sont également respectées. De son côté, l'IdP analyse la demande à l'aide de la fonction *IdP Identity Policy* qui respecte également les hypothèses sus-mentionnées. Pour l'étape suivante, l'authentification du sujet, Infocard supporte quatre types d'authentification : mot de passe, Kerberos, certificat x509 et un jeton auto-signé (une infocard personnelle). Cette authentification est donc faite de manière confidentielle, mais l'inassociabilité n'est pas possible. Une fois l'utilisateur authentifié, l'IdP atteste l'identité (*Attest Identity*) et émet un jeton sécurisé (*Provide Identity*). Pour ces fonctions, toutes les hypothèses sont respectées. De même, les fonctions en charge de la vérification de l'identité au niveau du SP (*Check Identity*) et de la fourniture du service (*Deliver Service*) respectent elles aussi les hypothèses attendues.

Cartography steps	Security requirements							
	IdP Authentication	Subject Authentication	SP Authentication	Confidentiality	Integrity	Date Validity	Non Repudiation	No Replay
1: Inquiry to SP								
2: SP identity request policy			✓					
3: Subject Identity Policy			✓					
4: Select Identity Claims				?				
5: Inquiry to IdP	✓		✓	✓				
6: IDP Identity Policy			✓	✓				
7: Authenticate Subject				✓				
8: Attest Identity				✓	✓	✓	✓	✓
9: Provide identity				✓			✓	
10: Check identity				✓				
11: Deliver service		✓					✓	
SCORE	≈ 92%							

	Cartography Requirements
?	Optionnal Requirements
✓	Fulfilled Requirements

FIGURE 3.15 – Récapitulatif de l'analyse des hypothèses de sécurité d'Inforcard

Cartography steps	Privacy requirements				
	Anonymity	Unobservability	Unlinkability	Policy Compliance	Possible denial
1: Inquiry to SP	✔				
2: SP identity request policy	✔		✔	✔	
3: Subject Identity Policy	✔		✔	✔	✔
4: Select Identity Claims		?		✔	
5: Inquiry to IdP	✔			✔	
6: IDP Identity Policy	✔			✔	
7: Authenticate Subject					
8: Attest Identity			✔		
9: Provide identity		✔			
10: Check identity					
11: Deliver service				✔	
SCORE	≈ 82%				

	Cartography Requirements
?	Optionnal Requirements
✔	Fulfilled Requirements

FIGURE 3.16 – Récapitulatif de l'analyse des hypothèses de protection de la vie privée d'Infocard

La solution Infocard obtient un très bon score au niveau de la sécurité (92%) ce qui s'explique par la réalisation des authentifications nécessaires entre IdP, SP et sujet et par l'intégration directe de la confidentialité dans le protocole. Inforcard obtient également un très bon score de protection de la vie privée (82%) qui s'explique principalement par l'intégration de politiques de la vie privée dans le protocole et par l'interaction de l'utilisateur qui sélectionne lui même son identité.

3.5.5 U-Prove

Nous terminons notre revue des SGI par une évaluation de la solution U-prove [120] proposée encore une fois par Microsoft. Cette solution a été retenue afin de remplacer Infocard pour l'authentification sur les services du cloud de Microsoft. A l'instar d'Infocard, la solution U-prove est adaptée à une représentation de l'identité numérique sous la forme d'un ensemble de revendications. En effet, U-prove se base sur les travaux de Stefan Brands [53] qui préconise un nouveau type de jeton cryptographique permettant de contenir plusieurs revendications et d'en attester tout ou partie (divulgation minimale). La solution décrit les interactions entre un "issuer", le fournisseur d'identités, un "prover" ou "U-prove agent", le sujet et un "verifier", le fournisseur de services. Les spécifications détaillent deux modes de fonctionnement, un mode "à la demande" et un mode "jeton de longue durée". Dans le premier cas, un jeton U-prove est généré à la demande par un fournisseur d'identités alors que dans le second cas le jeton est généré à l'avance pas le fournisseur d'identité et le sujet. Dans cette partie, nous allons décrire les interactions dans le mode "à la demande" qui suit le modèle en ligne où l'agent U-prove est accessible en ligne via un simple navigateur.

Mapping sur la cartographie

Les deux premières fonctions appelées sont *Inquiry to SP* et *SP Identity Request Policy* qui traitent la requête formulée par le sujet lors de sa visite chez un SP supportant U-prove. Le SP précise dans sa politique à quel fournisseur d'identités il fait confiance puis redirige l'utilisateur chez un agent U-prove. La fonction suivante est *Subject Identity Policy* qui est en charge d'étudier la requête faite par le SP et de présenter au sujet un ensemble d'IdP permettant à ce dernier de répondre à la demande du SP. Le sujet sélectionne alors un de ces IdP, ce que nous avons considéré comme un appel à (*Select Identity Claims*), et l'agent contacte l'IdP capable d'émettre les revendications (*Inquiry to IdP*) afin de connaître la politique de l'IdP (*IdP Identity Policy*). Une fois la politique de l'IdP reçue, l'utilisateur est redirigé sur la page d'authentification de l'IdP (*Authenticate subject*). La particularité de U-prove est que la génération d'un jeton est partagée entre l'IdP et l'agent U-Prove, un échange est donc nécessaire entre l'IdP et l'agent. La première partie de cette échange consiste en l'envoi des revendications à l'agent par l'IdP (*Provide Identity*). L'agent va alors permettre à l'utilisateur de sélectionner les revendications et va calculer un second message pour l'IdP et demander l'attestation (*Attest Identity*). Une fois l'attestation reçue, l'agent va enfin générer les jetons et preuves et fournir ces derniers au fournisseur de services (*Provide Identity*). Le SP qui vérifie le jeton (*Check Identity*) et fournit le service en conséquence (*Deliver Service*).

Évaluation

Comme pour les autres systèmes de gestion d'identités, la première fonction appelée correspond à la requête du service et ne suppose pas d'hypothèses de sécurité. Cependant, ici, seul l'anonymat vis à vis de l'identité à exprimer est respecté parmi les hypothèses de protection de la vie privée. Dans U-prove, la requête d'identité formulée par le SP (*SP Identity Request Policy*) respecte les propriétés de protection de la vie privée, notamment en explicitant une politique sur le traitement des données. De même, l'hypothèse selon laquelle le SP doit fournir son identité publique dans le but d'être authentifié est respectée. Cette demande d'identité est analysée par l'agent qui appelle la fonction *Subject Identity Policy* en vérifiant les hypothèses posées et notamment celles de déni possible et de respect de la politique de vie privée. La fonction suivante, *Select Identity Claims*, permet à l'utilisateur de sélectionner un IdP permettant de répondre à la demande du SP. Cette étape se déroulant sur le navigateur du poste client, l'inobservabilité de la sélection ne peut pas être garantie de même que la confidentialité. Une fois le choix de l'IdP réalisé, l'agent contacte l'IdP pour obtenir sa politique (*Inquiry to IdP*). Cette demande se fait après authentification de l'IdP et de manière confidentielle. Pour cette fonction, les hypothèses de protection de vie privée que sont l'inobservabilité et la conformité à la politique

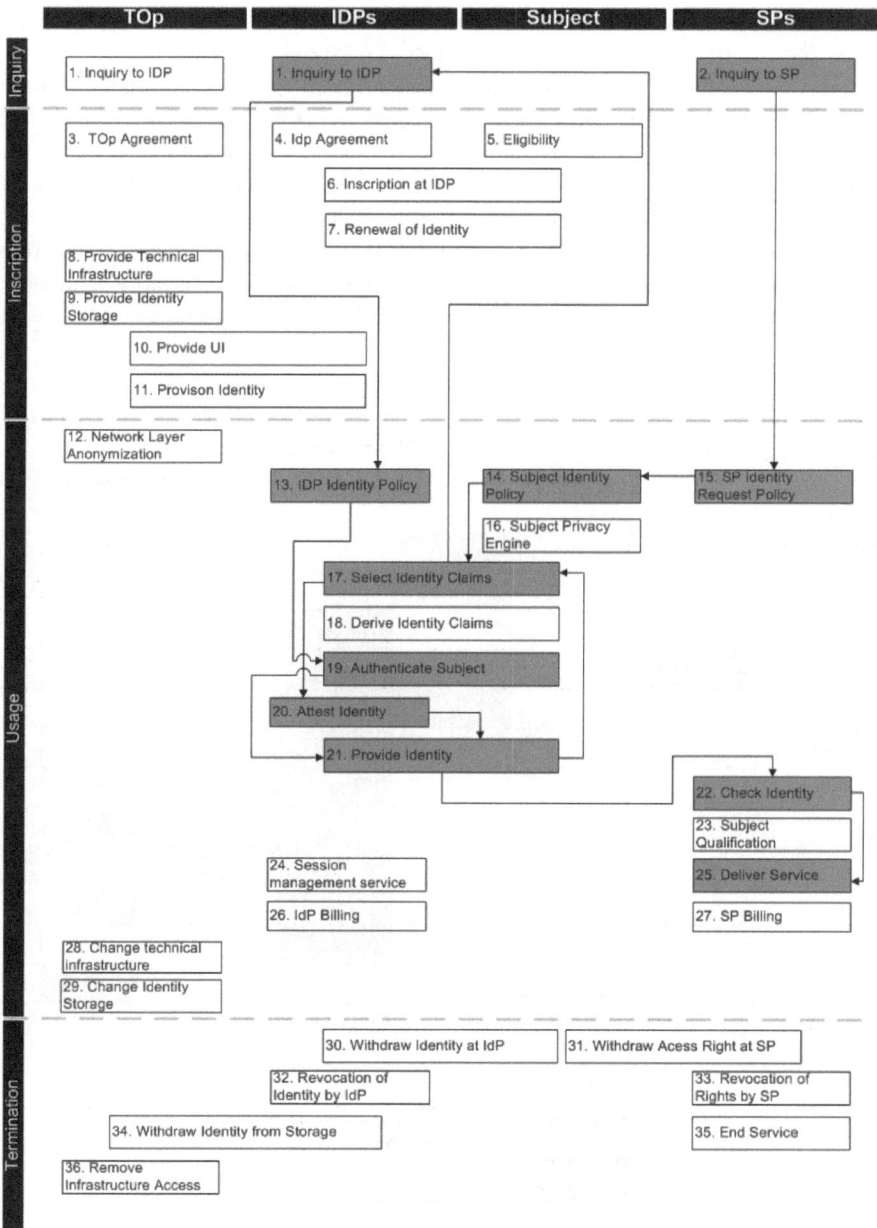

FIGURE 3.17 – Mapping de U-prove sur la cartographie

de vie privée sont également respectées. De son côté, l'IdP analyse la demande à l'aide de la fonction *IdP Identity Policy* qui respecte également les hypothèses mentionnées et renvoie sa politique. Pour l'étape suivante, l'authentification du sujet, U-prove ne précise pas de moyen d'authentification, cependant, cette authentification doit être faite de manière confidentielle et respecte l'inassociabilité. Une fois l'utilisateur authentifié, l'IdP fournit les revendications à l'agent U-prove (*Provide Identity*) en respectant les hypothèses de sécurité et de protection de la vie privée. L'agent demande ensuite l'attestation de l'identité à l'IdP (*Attest Identity*) et émet ensuite un jeton sécurisé (*Provide Identity*). Pour ces fonctions, toutes les hypothèses sont respectées. De même, les fonctions en charge de la vérification de l'identité au niveau du SP (*Check Identity*) et de la fourniture du service (*Deliver Service*) respectent elles aussi les hypothèses attendues.

Cartography steps	Security requirements							
	IdP Authentication	Subject Authentication	SP Authentication	Confidentiality	Integrity	Date Validity	Non Repudiation	No Replay
1: Inquiry to SP								
2: SP identity request policy			✔					
3: Subject Identity Policy			✔					
4: Select Identity Claims				✔				
5: Inquiry to IdP	✔			✔				
6: IDP Identity Policy			✔	✔				
7: Authenticate Subject				✔				
8: Provide identity				✔			✔	
9: Select Identity Claims				✔			✔	
10: Attest Identity				✔	✔	✔	✔	✔
11: Provide identity				✔			✔	
12: Check identity				✔				
13: Deliver service		✔					✔	
SCORE	≈ 100%							

	Cartography Requirements
?	Optionnal Requirements
✔	Fulfilled Requirements

FIGURE 3.18 – Récapitulatif de l'analyse des hypothèses de sécurité de U-prove

La solution U-prove obtient un très bon score (100%) au niveau de la sécurité ce qui s'explique

Cartography steps	Privacy requirements				
	Anonymity	Unobservability	Unlinkability	Policy Compliance	Possible denial
1: Inquiry to SP	✓				
2: SP identity request policy	✓		✓	✓	
3: Subject Identity Policy	✓		✓	✓	✓
4: Select Identity Claims		?		✓	
5: Inquiry to IdP		✓		✓	
6: IDP Identity Policy		✓		✓	
7: Authenticate Subject			✓		
8: Provide identity		✓			
9: Select Identity Claims		?		✓	
10: Attest Identity			✓		
11: Provide identity		✓			
12: Check identity					
13: Deliver service				✓	
SCORE	≈ 87%				

	Cartography Requirements
?	Optionnal Requirements
✓	Fulfilled Requirements

FIGURE 3.19 – Récapitulatif de l'analyse des hypothèses de protection de la vie privée de U-prove

par la réalisation des authentifications nécessaires entre IdP, SP et sujet et par l'intégration directe de la confidentialité dans le protocole. U-prove obtient naturellement un très bon score de protection de la vie privée (87%) qui s'explique principalement par l'intégration de politiques de la vie privée dans le protocole, par l'interaction de l'utilisateur qui sélectionne lui même son identité et par la construction des jetons partagées par l'agent U-prove et l'IdP. Cela empêche la traçabilité des activités du sujet par l'IdP, cependant, le protocole ne permet pas la non traçabilité entre deux présentations d'un même jeton.

3.5.6 Résultats

Nous avons synthétisé les résultats de l'étude dans le tableau 4.4 et les figures 3.20 et 3.21. Il en ressort que les systèmes en ligne restent vulnérables aux attaques de type phishing car ils imposent des redirections au navigateur sans un réel contrôle de l'utilisateur et n'imposent pas clairement l'utilisation de TLS. Au niveau de la protection de la vie privée, l'intervention du fournisseur d'identités en ligne et le fait de le contacter à chaque besoin entraîne des possibilités de traçage par ce dernier. Seul U-prove résout ce problème en faisant appel à une construction de

SGI	Sécurité	Protection de la vie privée
OpenId	47%	15%
OAuth	73%	57%
Shibboleth	71%	37%
Infocard	92%	82%
U-prove	100%	87%

TABLE 3.3: Récapitulatif des scores pour les SGI étudiés

jeton dans laquelle le sujet intervient. Le résultat de l'étude montre également que les meilleurs scores sont obtenus pour un SGI comme Infocard utilisant un client intelligent et présentant des politiques à l'utilisateur.

3.5.7 Discussion

Dans cette partie, nous avons appliqué la cartographie à cinq solutions de gestion d'identités actuelles. Nous avons montré que ces solutions présentaient pour certaines des manques au niveau de la sécurité qui peuvent faciliter des attaques sur l'identité du sujet. L'utilisation de la cartographie a ainsi permis de retrouver plusieurs des failles connues des protocoles comme OpenId et Oauth. Les scores obtenus placent par ailleurs la solution U-prove comme étant la meilleure des cinq solutions étudiées. Cela est principalement dû à l'utilisation de politiques de protection de la vie privée. Le modèle du client intelligent ou de l'agent intelligent utilisé par Infocard et U-prove semble également permettre une meilleure protection en séparant les acteurs et en plaçant l'utilisateur au centre des échanges, ce qui réduit les possibilités de traçabilité par le SP ou l'IdP voire les empêche complètement pour l'IdP dans le cas de U-prove.

Il est également intéressant de noter que plusieurs des fonctions de la cartographie ne sont pas actuellement utilisées dans les SGI évalués. Cela s'explique par deux raisons : tout d'abord, ces derniers s'intéressent principalement à la phase d'authentification du sujet par le SP. Ensuite, plusieurs des fonctions ont été apportées à la cartographie pour permettre une description fine de nouveaux SGI. Certaines d'entre elles comme *Subject privacy engine* sont, à notre sens, importantes dans l'évaluation des solutions et leur absence devrait également pénaliser le score des solutions où elles ne figurent pas.

3.6 Conclusion

D ANS ce chapitre, nous avons présenté les outils et méthodes existants permettant de comparer des systèmes en regard de la protection de la vie privée et de la sécurité. Les méthodes présentées s'intéressent principalement à l'expression de pré-requis lors des premières phases de développement. Ainsi, nous avons constaté qu'aucune de ces méthodes n'était directement utilisable pour représenter les systèmes de gestion d'identités existants. Dans un second temps,

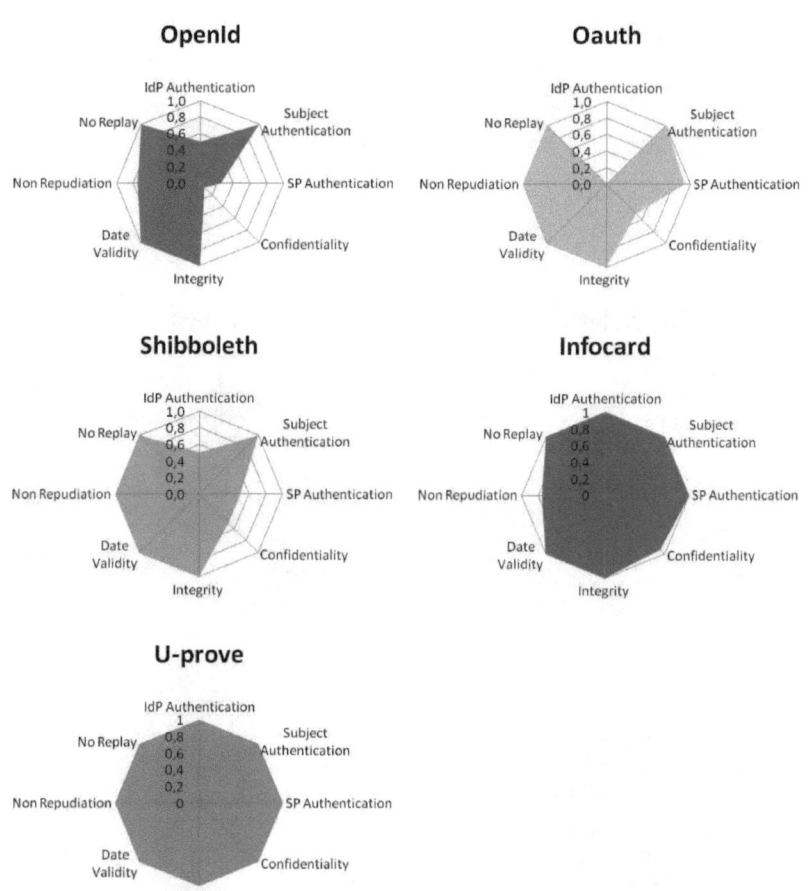

FIGURE 3.20 – Récapitulatif de l'analyse des hypothèses de sécurité pour les principaux SGI

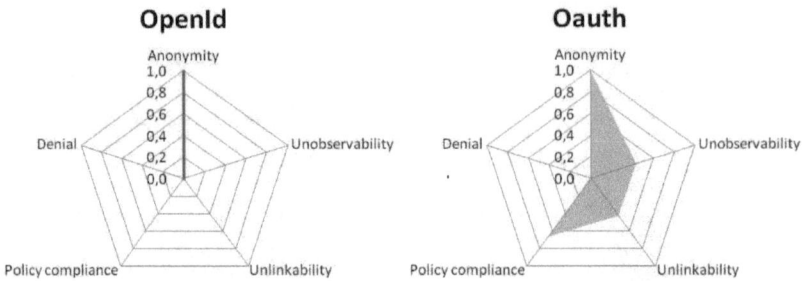

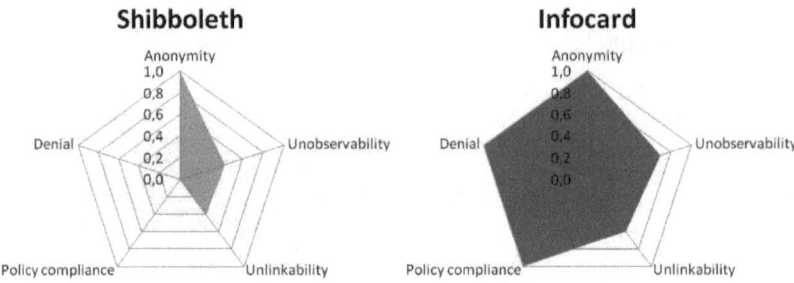

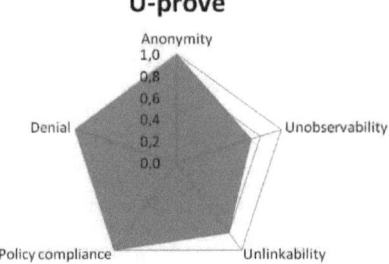

FIGURE 3.21 – Récapitulatif de l'analyse des hypothèses de protection de la vie privée pour les principaux SGI

nous avons donc proposé un outil appelé "Cartographie des acteurs et des fonctions" permettant d'atteindre ce but.

Notre cartographie liste 36 fonctions appelées par 4 acteurs différents et permettant de représenter tout système de gestion d'identités. Plusieurs de ces fonctions (23) ont été proposées pour la cartographie et ne sont actuellement pas utilisées dans la plupart des SGI de la littérature. Il s'agit par exemple des fonctions d'enregistrement de l'identité dont dépend pourtant la confiance en une identité. La cartographie permet de lier les fonctions entres elles au moyen d'actions élémentaires qui sont soumises à des hypothèses de sécurité et de protection de la vie privée. Le respect ou non de ces hypothèses permet d'évaluer un SGI et de lui attribuer une note sur sa réponse à ces deux problématiques.

La cartographie peut également servir à l'expression de pré-requis pour réaliser un système de gestion d'identités. Dans le chapitre suivant, nous l'utilisons afin de présenter une architecture de gestion d'identité utilisant la spécificité de l'opérateur télécom et proposant des implémentations particulières de certaines des fonctions. La cartographie permettra en outre de positionner notre solution par rapport aux autres SGI en matière de protection de la vie privée et de sécurité.

Système de gestion d'identités mobile centré sur l'utilisateur

Ce chapitre détaille la proposition d'un système de gestion d'identités mobile centré sur l'utilisateur. Nous présentons tout d'abord son architecture générale en nous basant sur la cartographie pour décrire chaque fonction utilisée dans le système. Nous détaillons ensuite l'implémentation d'un tel système utilisant activement un élément sécurisé comme une SIM et un terminal mobile de type Android.

Sommaire

4.1 Introduction **85**
4.2 Architecture **86**
4.3 Validation de la solution proposée **96**
4.4 Implémentation **99**
4.5 Conclusion **107**

4.1 Introduction

D ANS le chapitre précédent, nous avons présenté une méthode permettant de représenter les systèmes de gestion d'identités que nous avons appelé cartographie des acteurs et des fonctions. Cette cartographie a permis de représenter les systèmes de gestion d'identités de l'état de l'art et de comparer leurs réponses aux problématiques de sécurité et de protection de la vie privée. Nous avons conclu de cette comparaison que le modèle centré sur l'utilisateur utilisant un client intelligent permettait d'augmenter le score des solutions pour la protection de la vie privée tout en conservant un niveau de sécurité suffisant.

Cependant, les solutions actuelles se focalisent sur un modèle en ligne centré sur l'utilisateur et les services. L'idée de K. Cameron d'utiliser des cartes virtuelles pour représenter l'identité a d'ailleurs été abandonnée par Microsoft courant 2011. Il est par ailleurs important de noter que ces modèles en ligne ont été proposés dans le cadre d'une utilisation sur PC et ne prennent pas tous en compte l'arrivée de nouveaux moyens d'accéder à Internet. Le format de carte virtuelle est par exemple adapté au téléphone mobile ou smartphone sur lequel il est peu aisé de taper un identifiant par exemple un OpenId.

Ce chapitre présente la solution de gestion d'identité proposée dans cette thèse. Celle-ci prend en compte le contexte télécom et les nouveaux outils de communication que sont les smartphones. Ces derniers permettent en effet, non seulement de passer des appels mais également de communiquer sur Internet. La solution proposée suit le modèle centré sur l'utilisateur et adapte le méta-système d'identité à la spécificité du mobile. Dans un premier temps, l'architecture complète est proposée en se basant sur la cartographie permettant ainsi d'exprimer les pré-requis attendus. Une implémentation innovante de l'architecture est ensuite proposée afin d'en démontrer la faisabilité technique. Enfin, la solution est analysée en terme de performance, sécurité et protection de la vie privée.

4.2 Architecture

COMME nous l'avons vu dans le chapitre précédent, le modèle de gestion d'identités centré sur l'utilisateur permet une meilleure protection de la vie privée tout en garantissant un bon niveau de sécurité. L'architecture proposée ici reprend donc ce modèle pour l'adapter aux spécificités du mobile et en particulier des smartphones. Ces derniers disposent en effet de connectivités avancées permettant de multiples usages. On peut par exemple citer les services NFC qui se répandent, mais également de services auparavant proposés sur d'autres supports comme le PC ou la télévision. Le système de gestion d'identités proposé dans cette thèse tire également profit des efforts fait par les opérateurs de télécommunication en matière de sécurité et de confiance. Dans ce nouvel écosystème, les accès aux services se font principalement par des applications et non un navigateur comme c'est le cas sur PC. C'est pourquoi nous proposons de suivre le méta-système d'identités utilisant un sélecteur d'identités mobile.

Dans cette section, le modèle général de notre système de gestion d'identités est présenté à l'aide de la cartographie des acteurs et des fonctions. Il consiste en l'interaction des entités suivantes : un fournisseur de services, un sélecteur d'identités, un fournisseur d'identités mandataire et enfin un ou plusieurs fournisseurs d'identités.

4.2.1 Modèle général

L'architecture consiste en l'interaction des quatre entités que sont le SP, le sujet, L'IdP et une quatrième entité que nous appelons IdP mandataire. Ce dernier constitue l'élément central de l'architecture et profite des mécanismes proposés par l'opérateur technique. En effet, ce mandataire est situé à l'intérieur d'un élément sécurisé de type carte à puce comme la SIM du mobile par exemple. La solution proposée doit être la plus respectueuse possible de la vie privée de l'utilisateur et donc implémenter des mécanismes décrits dans le premier chapitre comme la divulgation minimale d'identité et informer le plus possible l'utilisateur de l'utilisation de son identité.

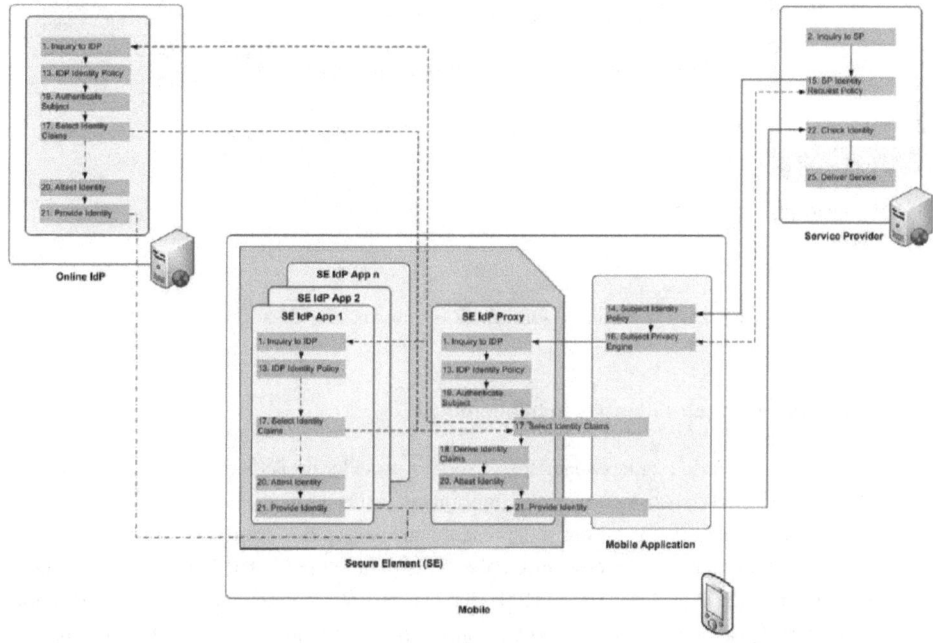

FIGURE 4.1 – Architecture de gestion d'identités proposée

4.2.2 Fournisseur de services

Les fonctionnalités du fournisseur de services sont illustrées sur la figure 4.2. La spécificité du fournisseur de services dans notre architecture est d'implémenter de manière avancée la fonction *SP Identity Request Policy*. Nous allons donc détailler ici les mécanismes mis en place pour respecter les hypothèses proposées par la cartographie. Dans une utilisation normale du système, l'utilisateur se connecte chez le fournisseur de services qui va exprimer un besoin d'identité et le fournir au client. Nous nous plaçons donc ici dans le premier contexte de la fonction *SP Identity Request Policy* et nous devons respecter les hypothèses de l'action *a1* à savoir :

- la requête doit contenir l'identité publique du SP ;
- l'utilisateur du service (le sujet) est anonyme ;
- la requête doit être inassociable au sujet ;
- la requête doit comporter une politique de protection de la vie privée.

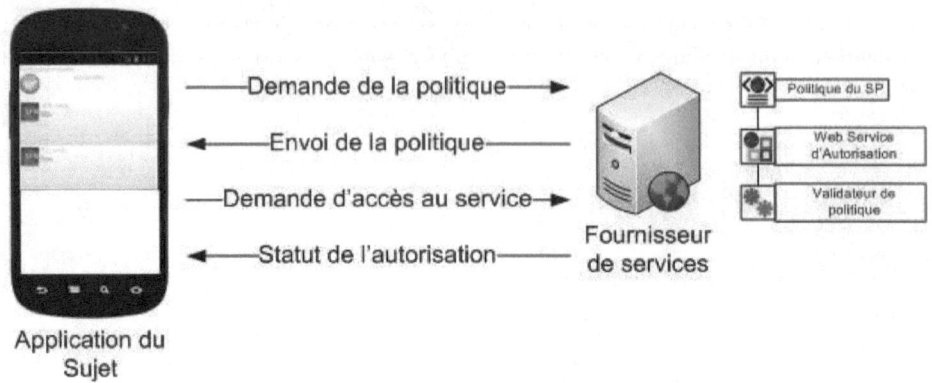

FIGURE 4.2 – Fonctionnalités du fournisseur de services

La requête doit contenir l'identité publique du SP

Pour permettre ceci de manière sécurisée, le service provider implémente un service Web utilisant WS-Security , WS-Trust et exprime sa politique en utilisant le standard WS-SecurityPolicy décrits dans le chapitre 2. Le listing 4.3 présente un exemple d'une telle politique dans sa forme normale [1]. On constate donc la suite d'éléments définie pour cette forme par WS-policy : `wsp:Policy`, `wsp:ExactlyOne`, `wsp:All`. L'élément `wsp:All` contient une collection des politiques à appliquer. Dans le cas présent, cette collection ne contient qu'une politique qui précise le type de jeton supporté, dans quels échanges ce jeton doit être utilisé (ici à chaque envoi du client vers le service), sous quel formalisme il doit être écrit (ici le jeton doit être un jeton SAML2) et enfin quelles revendications d'identité il doit contenir. Afin de respecter l'hypothèse de sécurité, cette politique contient une référence vers le fournisseur de services suivant le standard WS-Adressing [121]. Cette référence contient évidemment l'url du service ainsi que l'identité du service sous la forme d'un certificat X509. Typiquement, les données transmises ultérieurement au services seront chiffrées en utilisant la clé contenue dans ce certificat.

Anonymat et inassociabilité

Le sujet, à cette étape de la transaction, n'a encore transmis que son envie d'obtenir le service et aucun élément de son identité, l'anonymat est donc respecté. Le service Web proposé se cantonnant à l'expression des différentes politiques, il ne fait pas de lien entre les requêtes qu'il a pu émettre et ne garde pas d'information quant au sujet à qui ces requêtes ont été transmises.

---

1. normal form

```
 1 <wsp:Policy xmlns:wsp="http://schemas.xmlsoap.org/ws/2004/09/policy"
 2       xmlns:wsu="http://.../oasis-200401-wss-wssecurity-utility-1.0.xsd"
 3       xmlns:wst="http://docs.oasis-open.org/ws-sx/ws-trust/200512"
 4       xmlns:auth="http://schemas.xmlsoap.org/ws/2006/12/authorization"
 5       xmlns:sp="http://docs.oasis-open.org/ws-sx/ws-securitypolicy/200702"
 6       xmlns:wsaw="http://www.w3.org/2006/05/addressing/wsdl"
 7        xmlns:wsx="http://schemas.xmlsoap.org/ws/2004/09/mex"
 8       xmlns:ic="http://schemas.xmlsoap.org/ws/2005/05/identity"
 9       wsu:Id="customToken">
10      <wsp:ExactlyOne>
11        <wsp:All>
12          <sp:SupportingTokens>
13            <wsp:Policy>
14              <sp:IssuedToken sp:IncludeToken="http://docs.oasis-open.org/ws-sx/
                   ws-securitypolicy/200702/IncludeToken/AlwaysToRecipient">
15            <sp:RequestSecurityTokenTemplate>
16              <wst:TokenType xmlns:wst="http://docs.oasis-open.org/ws-sx/ws-trust
                   /200512">http://docs.oasis-open.org/wss/oasis-wss-saml-token-
                   profile-1.1#SAMLV2.0</wst:TokenType>
17              <wst:KeyType>http://docs.oasis-open.org/ws-sx/ws-trust/200512/Bearer
                   </wst:KeyType>
18              <wst:Claims Dialect="http://schemas.xmlsoap.org/ws/2005/05/identity"
                   >
19                <ic:ClaimType Uri="http://schemas.xmlsoap.org/ws/2005/05/identity/
                   claims/role"/>
20              </wst:Claims>
21            </sp:RequestSecurityTokenTemplate>
22            <wsp:Policy>
23            <sp:RequireInternalReference />
24            </wsp:Policy>
25          </sp:IssuedToken>
26            </wsp:Policy>
27          </sp:SupportingTokens>
28        </wsp:All>
29      </wsp:ExactlyOne>
30    </wsp:Policy>
```

FIGURE 4.3 – Exemple de politique du service

Expression d'une politique de protection de la vie privée

La problématique la plus importante soulevée par cette fonction est l'expression d'une politique de protection de la vie privée. Comme indiqué dans la section précédente, un mécanisme de divulgation minimale est prévu dans le système. Les deux solutions envisagées pour le permettre sont donc présentées ici et les arguments pour le choix de l'une d'entre elles également. Le principe général de divulgation minimale est de fournir le minimum d'information d'identité possible pour obtenir un service. Par exemple, fournir l'âge plutôt que la date de naissance constitue une méthode de divulgation minimale.

Plusieurs approches cryptographiques permettent de respecter ce principe, cependant, elles supposent des protocoles et des échanges bien particuliers et nécessitent donc de grosses modifications des fournisseurs de services. A l'inverse, la solution présentée dans cette thèse repose sur la définition de l'identité numérique que nous avons proposée. En effet, les revendications constituant une identité numérique sont des fonctions des attributs d'une entité. Ainsi, l'âge d'une personne est calculé à partir de sa date de naissance et constitue une revendication dérivée. Cependant, dans les systèmes actuels, pour pouvoir garantir la confiance, les revendications doivent être attestées par un fournisseur d'identités. Dans le cas où le système de gestion d'identités implémente le modèle en ligne, ces revendications sont dérivées et attestées directement par le fournisseur d'identités. A l'inverse, dans un modèle hors ligne, ces revendications doivent avoir été dérivées et attestées à l'avance. Le modèle hors ligne permet une meilleure protection de la vie privée car il isole le sujet vis à vis de son IdP, cependant il ne permet pas de répondre à un SP si la revendication n'a pas été attestée par le passé. Dans le modèle proposé par cette thèse, l'IdP mandataire situé dans un élément sécurisé est en charge de cette dérivation suivant des mécanismes décrits au paragraphe 4.2.4.

Le fournisseur de services exprime son besoin en revendications dérivées à l'intérieur d'une politique. Deux approches ont été envisagées sur le formalisme de cette politique. La première d'entre elles, porte sur la sémantique des dérivations et vise à expliciter les opérations nécessaires à ces dernières. Ainsi, le SP peut non seulement exprimer son besoin en identité mais également la manière dont est obtenue la revendication. Dans le cas de l'âge par exemple, le SP explicite le calcul *Date Actuelle - Date de Naissance*. L'avantage de cette solution est que le sujet ou le fournisseur d'identités n'ont pas à avoir de connaissance a priori des besoins en terme d'identité.

Cette solution, bien qu'intéressante et modulaire pour le fournisseur de services présente néanmoins plusieurs inconvénients pour la sécurité du système et la protection de la vie privée de l'utilisateur. En effet, dans le cas où le SP est malveillant, ce dernier peut tenter d'utiliser ce système pour obtenir un certain nombre d'informations sur le sujet. Si on prend l'exemple de l'âge présenté en début de partie, l'intérêt de ce dernier est de masquer la date de naissance de l'utilisateur et de limiter la possibilité de l'identifier. Cependant, si le SP demande une revendication dérivée résultant des opérations suivantes : *Date Actuelle - Date de Naissance - Date Actuelle*, il obtiendra la date de naissance que le sujet souhaitait protéger. Pour se prémunir de ce genre d'attaque, l'utilisation de la fonction *Subject Privacy Engine* de la cartographie a été proposée dans le modèle général. Cependant, la possibilité de ce type d'attaque et la complexité de leur détection rendrait le traitement beaucoup trop long pour un usage mobile. Tous ces inconvénients conduisent à reconsidérer cette solution au profit d'une approche plus statique dans laquelle le SP ne décrit pas les dérivations. Ainsi, seules certaines revendications dérivées seront possibles et le code de dérivation sera implémenté dans l'application mandataire de l'élément sécurisé. Nous avons donc choisi d'ajouter ces revendications dans un schéma XML additionnel afin de permettre à un fournisseur de services de les demander.

4.2.3 Sélecteur d'identités

Le sélecteur d'identités mobile doit assurer quatre fonctions qui peuvent être classées en deux grandes familles. La première famille regroupe les fonctions en charge de l'analyse des demandes du fournisseur de services et regroupe les fonctions *Subject Identity Policy* et *Subject Privacy Engine*. La seconde famille contient les fonctions qui font intervenir le sujet comme *Select Identity* et *Provide Identity*.

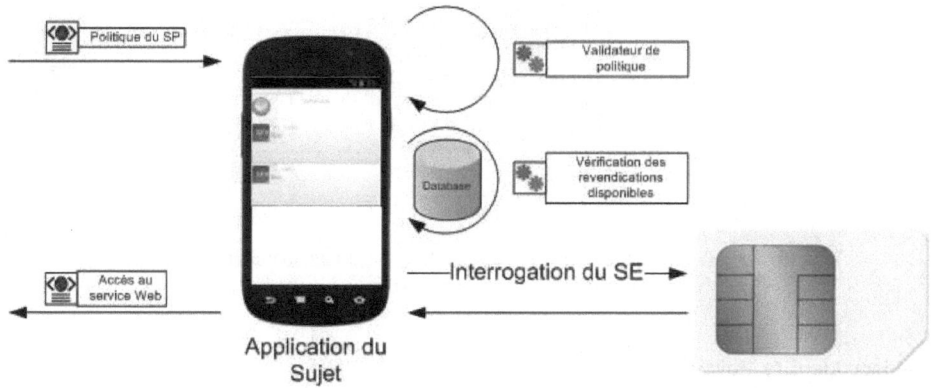

FIGURE 4.4 – Fonctionnalités du sélecteur d'identités

Avant de détailler ces fonctions, il est cependant important de noter que toutes les fonctions du sélecteur d'identités sont réalisées au sein d'une application installée sur le mobile. Or, ce dernier constitue un environnement non sûr : il peut être modifié par l'utilisateur (système libre) ou il peut contenir des applications malicieuses susceptibles de modifier le comportement de l'application de sélection de l'identité. L'application constituant un point d'entrée et de sortie des requêtes d'identité, sa compromission entraîne nécessairement un grand nombre de problèmes de sécurité parmi lesquels :

– une vérification non sûre de l'identité du fournisseur de services ;
– un vol des informations d'identité par interrogation de l'élément sécurisé ;
– un déni de service si l'application ne renvoie pas l'identité attendue.

Afin de se prémunir de ces risques, la confiance dans cette application est nécessaire. Nous proposons donc dans cette thèse que cette dernière soit exécutée au sein d'une zone de confiance. Comme présenté dans [122], plusieurs méthodes pour sécuriser l'exécution d'applications mobiles existent, parmi lesquelles on peut citer TrustZone proposé par ARM [123] qui permet d'assurer les fonctions de sécurité au niveau hardware ou encore la Trusted Execution environment [2] (TEE) [124] proposée par GlobalPlatform. L'implémentation d'une telle zone pour le système de gestion d'identités n'étant pas l'objet de cette thèse, nous suivrons l'hypothèse selon laquelle le

---

2. Zone d'exécution de confiance

mobile dispose d'un tel environnement de confiance et que l'application d'identité y est exécutée. L'architecture choisie est visible sur la figure 4.5.

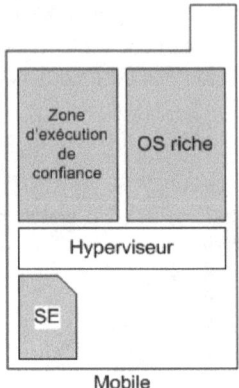

FIGURE 4.5 – Illustration du concept de zone d'exécution de confiance

Subject Identity Policy

La fonction *Subject Identity Policy* est en charge du traitement de la requête d'identité reçue par le SP. Sa fonction principale est de s'assurer que l'utilisateur dispose des éléments permettant de répondre à la requête. Cela suppose qu'elle dispose d'une connaissance des éléments d'identité dont dispose l'utilisateur sans forcément en connaître le contenu. Par exemple, le sélecteur sait que l'utilisateur peut attester une date de naissance sans la connaître. En plus de ce traitement normal, la fonction *Subject identity policy* doit effectuer un certain nombre d'autres tâches pour assurer le respect des hypothèses de sécurité et de protection de la vie privée prévues dans la cartographie. Ces dernières sont au nombre de cinq et sont détaillées ci-dessous :
- Le sujet a authentifié le SP.
- La politique de demande est au bon format.
- Si la politique est non conforme ou que le sujet ne peut pas répondre, l'association est rompue.
- Le sujet doit rester anonyme.
- Le sujet doit pouvoir nier son accès au service.

Nous avons vu dans la sous-section 4.2.2 que la politique du service provider contenait son identité sous la forme d'un certificat X509. Conformément à la spécification Infocard, les certificats utilisés sont étendus et contiennent notamment le logo du service afin de permettre à l'utilisateur de reconnaître et authentifier le SP plus facilement[3]. Plusieurs autres méthodes d'authentification du SP pourraient être proposées et combinées comme par exemple l'utilisation de DNSSec [125] pour certifier l'URL du service. Le format de la demande doit suivre le standard

---

3. 3709

WS-SecurityPolicy [75] et si ce n'est pas le cas, le sélecteur d'identités prévient l'utilisateur et rompt la connexion. Jusqu'à ce moment, le sélecteur d'identités n'a effectué qu'une seule requête vers le fournisseur de services afin d'obtenir la politique, aucune information sur l'utilisateur n'a été transmise. Comme rien n'a été transmis, l'identité de l'utilisateur est bien restée cachée, cependant en l'état, l'identité technique du terminal (son adresse IP) a pu être transmise.

Subject privacy engine

Cette fonction a pour but de protéger la vie privée de l'utilisateur lors de l'accès à ses données personnelles ou à son identité numérique attestée par un fournisseur d'identités. Dans ce chapitre, seul le cas où un fournisseur de services nécessite l'identité attestée de l'utilisateur est étudié. Le cas plus général de l'accès de fournisseur de services à des données personnelles est étudié plus en détail dans le chapitre suivant consacré à la protection des données personnelles sur un mobile.

Notre système propose d'utiliser un mécanisme de divulgation minimale pour protéger la vie privée. Ce dernier repose sur la dérivation de revendications d'identité. Afin de permettre la divulgation minimale, la fonction doit connaître les dérivations possibles. En effet, si l'âge est demandé et que le sujet ne dispose que de sa date de naissance dans ses revendications certifiées, la fonction doit connaître les dérivations possibles pour obtenir l'âge et ainsi passer à l'étape suivante. Comme précisé dans la section consacrée au SP, les calculs de dérivations sont déclarés directement chez le fournisseur d'identités qui maintient à jour cette liste et uniquement accessibles au fournisseur d'identités mandataire. Ainsi, l'application connaît uniquement la ou les revendications nécessaires pour obtenir la revendication dérivée sans pour autant connaître le calcul à effectuer pour l'obtenir.

Select Identity

La fonction de sélection d'identité permet de s'assurer du consentement de l'utilisateur quant à l'utilisation de son identité numérique. Elle suppose que la politique du SP a bien été analysée et qu'elle concorde avec la politique de protection de la vie privée du sujet. La présentation des revendications reprend l'idée des Infocards proposée par Kim Cameron en déclinant l'identité sous la forme de cartes qui contiennent les revendications à transmettre. Ainsi, si le SP demande à connaître le nom de l'utilisateur sans préciser un IdP, le sélecteur d'identités affiche à l'utilisateur plusieurs cartes, correspondant à plusieurs IdP, permettant de répondre. Cette fonction de sélection suppose également deux autres hypothèses de sécurité qui sont la confidentialité de la sélection et la non-répudiation. Cela signifie que l'action de sélection d'une carte par l'utilisateur ne peut être observée par une autre application sur le mobile ce qui est garanti par l'utilisation d'une zone d'exécution de confiance. Cette même zone assure que c'est bien l'utilisateur qui a sélectionné la carte et non une application tierce.

Provide Identity

La partie de la fonction *Provide Identity* assurée par l'application est en charge de la connexion avec le SP et de la transmission de l'identité. Dans l'architecture proposée, l'application doit uniquement encapsuler les informations venant du fournisseur d'identités mandataire situé dans l'élément sécurisé. Dans la cartographie, la fonction de fourniture d'identité doit s'assurer de la confidentialité de la communication. Cette dernière est assurée par le chiffrement des données par le fournisseur d'identités mandataire mais également par une connexion HTTPS au fournisseur de services. La cartographie précise également que la non répudiation doit être assurée, ce qui est bien le cas du fait de l'étape précédente de sélection d'identité.

4.2.4 Fournisseur d'identités mandataire

L'élément le plus important du modèle de gestion d'identités est le fournisseur d'identités mandataire (PIdP [4]), ce dernier est en effet le point d'entrée dans l'élément sécurisé pour toutes les requêtes d'identité. Il implémente les fonctions d'un IdP classique ainsi qu'un ensemble de fonctions spécialisées permettant l'interaction avec d'autres IdP situés dans le SE. Parmi ces fonctions spécifiques, la fonction de dérivation de l'identité est particulièrement importante car elle permet la divulgation minimale. Dans cette partie, nous détaillons l'ensemble des fonctions assurées par le fournisseur d'identités mandataire, à savoir : le traitement des requêtes, la gestion de sa politique interne, l'authentification du sujet, la dérivation des revendications et enfin l'attestation de l'identité. Dans notre architecture, ce fournisseur d'identités mandataire est situé dans un élément sécurisé (typiquement la carte SIM du téléphone), de ce fait, la réalisation des fonctions dépend fortement des contraintes liées à ce support. Ainsi, la communication entre l'application mobile et le PIdP se fait au moyen d'APDU définis par la norme ISO7816-4 et il en existe deux types :
- l'APDU de commande (C-APDU) ;
- l'APDU de réponse (R-APDU).

Une APDU de commande est toujours liée à une APDU de réponse. Leurs structures sont illustrées respectivement dans 4.1 et 4.2.

Entête obligatoire				Corps optionnel		
CLA	INS	P1	P2	Lc	Champ de données	Le

TABLE 4.1: Structure d'une C-APDU

La C-APDU est constituée :
- d'un en-tête obligatoire de quatre octets :
  - *CLA*, l'octet de classe identifie la catégorie de l'APDU (exemple : 0x00 désigne une commande normalisée par l'ISO 7816-4, 0x80 désigne une commande propriétaire) ;

---

4. Proxy Identity Provider

Corps optionnel	En-queue obligatoire	
Champ de données	SW1	SW2

TABLE 4.2: Structure d'une R-APDU

- *INS*, l'octet d'instruction spécifie la commande à exécuter ;
- *P1* et *P2*, deux octets de paramètres spécifiques à l'instruction.
- d'un corps optionnel de taille variable :
  - *Lc*, l'octet désignant la longueur du champ de données ;
  - le champ de données ;
  - *Le*, l'octet désignant la longueur des données attendues en retour.

La R-APDU est constituée :
- d'un corps optionnel de taille variable contenant le champ de données de taille Le spécifiée dans la C-APDU ;
- *SW1* et *SW2*, deux octets dits Status Word indiquant le statut d'exécution de la commande.

Inquiry to IdP

La fonction *Inquiry to IdP* est en charge du traitement des requêtes, c'est-à-dire des APDU transmises par le sélecteur d'identités. Elle s'occupe de l'aiguillage des requêtes vers les méthodes appropriées dans l'application PIdP. En outre, cette fonction va aussi réaliser l'ouverture d'un canal sécurisé avec l'application mobile qui sera utilisé pour toutes les autres communications. Ainsi, l'hypothèse de sécurité selon laquelle le sujet a authentifié le fournisseur d'identités est respectée et la requête pour l'identité sera bien confidentielle et inobservable.

IdP Identity Policy

Cette fonction a en charge l'analyse de la demande d'identité par le fournisseur d'identités mandataire en accord avec une politique interne prédéfinie. Par exemple, la politique du mandataire pourrait interdire l'accès à des données concernant l'entité qu'il représente à certains SP, typiquement les données opérateurs.

Authenticate Subject

Avant d'attester et de fournir l'identité numérique, le mandataire doit s'assurer que l'utilisateur de l'application sur le mobile est bien celui à qui appartient l'identité requise. Ainsi, après validation de la politique d'identité, l'application ne doit accepter qu'une demande d'authentification de l'utilisateur, toute autre demande devrait être rejetée. La méthode pour authentifier l'utilisateur n'est pas précisée ici, elle doit correspondre au niveau de confiance requis par le fournisseur de services dans sa politique.

Revendications	Dérivée de	Opération	Type
Age	date de naissance	date courante - date de naissance	entier
Majorité	âge	âge > majorité	booléen
Membre d'un groupe	groupe	⊂ groupe	booléen
Habite une ville	adresse	ville ⊂ adresse	booléen

TABLE 4.3: Tableau des dérivations possibles

Derive Identity Claims

Comme nous l'avons expliqué dans la section consacrée au fournisseur de services, ce dernier dispose d'une liste de revendications permettant la divulgation minimale comme par exemple l'âge d'une personne, ou encore le fait que la personne soit majeure. L'équivalent de cette liste est présent dans l'application fournisseur d'identités mandataire qui code les dérivations accessibles. On trouvera dans le tableau 4.3 une liste de dérivations possibles. Pour cette fonction, la cartographie suppose la confidentialité de la dérivation, ce qui est bien le cas car la dérivation est effectuée dans une zone de confiance, le SE.

Attest Identity

L'attestation de l'identité a lieu une fois la dérivation des attributs et leur sélection effectuée. Cette fonction suppose quatre hypothèses de sécurité : que l'identité n'ait pas été révoquée, que l'identité fournie ait une date de validité, qu'elle ne puisse pas être rejouée et enfin que son intégrité soit assurée.

4.3 Validation de la solution proposée

4.3.1 Évaluation

Le système de gestion d'identités proposé dans cette thèse a été décrit et pensé à partir de la cartographie et nous avons donc évalué notre solution à l'aide de cette dernière. Nous avons détaillé ci-dessus l'ensemble des fonctions utilisées dans le système et nous pouvons donc directement réaliser l'évaluation de la solution comme nous l'avons fait dans le chapitre 3 sur les SGI de l'état de l'art. Pour chacune des fonctions, nous avons également décrit l'ensemble des hypothèses de sécurité et de protection de la vie privée requises. Ainsi, seule reste à faire l'analyse finale présentée sur les figures 4.6 et 4.7.

On constate que, par construction, le système de gestion d'identités proposé dans cette thèse respecte la totalité des hypothèses de sécurité imposées par la cartographie. Il obtient également un score de 95% en protection de la vie privée ce qui s'explique par la traçabilité de l'attestation fournie par le fournisseur d'identités mandataire. Une perspective d'amélioration est proposée au paragraphe 4.4.4.

Cartography steps	Security requirements							
	IdP Authentication	Subject Authentication	SP Authentication	Confidentiality	Integrity	Date Validity	Non Repudiation	No Replay
1: Inquiry to SP								
2: SP identity request policy			✔					
3: Subject Identity Policy			✔					
4: Subject privacy Engine								
5: Inquiry to IdP	✔		✔	✔				
6: IDP Identity Policy			✔	✔				
7: Authenticate Subject				✔				
4: Select Identity Claims				✔			✔	
8: Attest Identity				✔	✔	✔	✔	✔
9: Provide identity				✔			✔	
10: Check identity				✔				
11: Deliver service		✔					✔	
SCORE	100%							

?		Cartography Requirements
?		Optionnal Requirements
✔		Fulfilled Requirements

FIGURE 4.6 – Récapitulatif de l'analyse des hypothèses de sécurité de notre SGI

SGI	Sécurité	Protection de la vie privée
OpenId	47%	15%
OAuth	73%	57%
Shibboleth	71%	37%
Infocard	92%	82%
U-prove	100%	87%
Proposition	**100%**	**95%**

TABLE 4.4: Récapitulatif des scores pour les SGI étudiés

4.3.2 Comparaison

Nous avons vu que le système proposé dans cette thèse obtient des scores élevés dans la cartographie. Dans cette partie, nous comparons ces scores avec ceux obtenus avec les autres systèmes de gestion d'identités étudiés au chapitre 3. Les résultats de cette comparaison sont synthétisés sur les deux figures 4.8 et 4.9.

Nous constatons que 100% des hypothèses de sécurités sont respectées au contraire des autres solutions. La partie la plus importante de cet écart est dû au fait que toutes les communications sont chiffrées permettant ainsi de garantir la confidentialité là où cette hypothèse est optionnelle dans les principaux SGI. En revanche, les 5% manquants en protection de la vie privée s'expliquent par la propriété d'inassociabilité qui n'est pas respectée dans l'architecture et fait l'objet d'une

Cartography steps	Privacy requirements				
	Anonymity	Unobservability	Unlinkability	Policy Compliance	Possible denial
1: Inquiry to SP	✔	✔	?		
2: SP identity request policy	✔		✔	✔	
3: Subject Identity Policy	✔		✔	✔	✔
4: Subject privacy Engine				✔	✔
5: Inquiry to IdP		✔		✔	
6: IDP Identity Policy		✔		✔	
7: Authenticate Subject			✔		
4: Select Identity Claims		✔		✔	
8: Attest Identity			?		
9: Provide identity		✔			
10: Check identity					
11: Deliver service				✔	
SCORE	≈95%				

(shaded)	Cartography Requirements
?	Optionnal Requirements
✔	Fulfilled Requirements

FIGURE 4.7 – Récapitulatif de l'analyse des hypothèses de protection de la vie privée de notre SGI

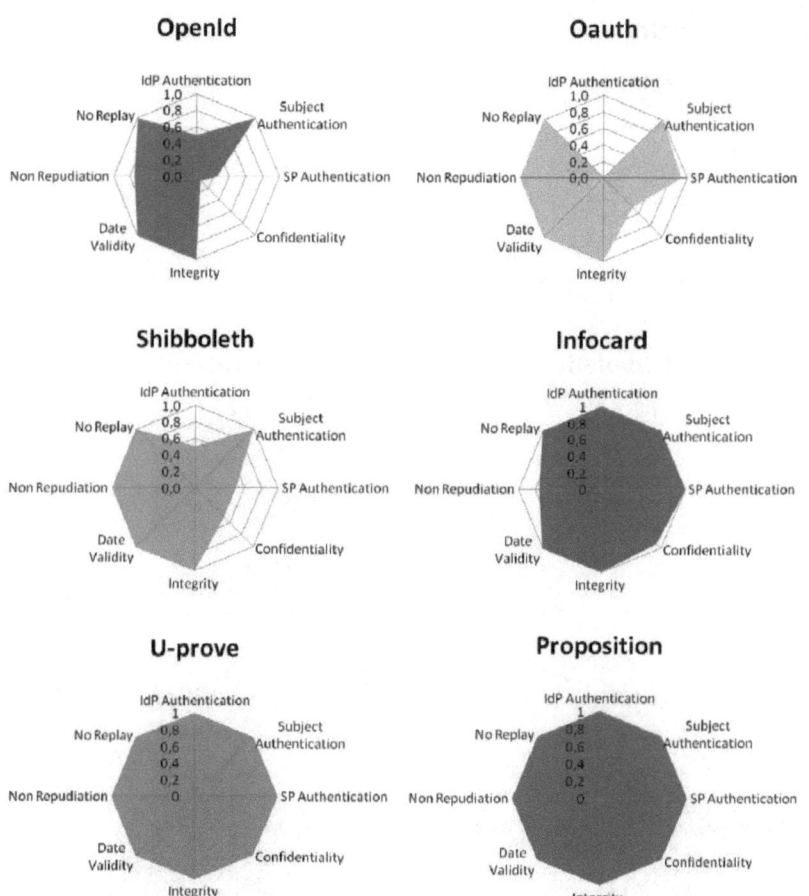

FIGURE 4.8 – Positionnement de la proposition en terme de sécurité par rapport aux autres solutions

discussion dans le paragraphe 4.4.4.

4.4 Implémentation

DANS cette section, nous détaillons les choix d'implémentation de notre système de gestion d'identités. Comme nous l'avons vu précédemment, l'architecture est constituée de trois éléments principaux : un fournisseur de services, un sélecteur d'identités et un fournisseur d'identités mandataire.

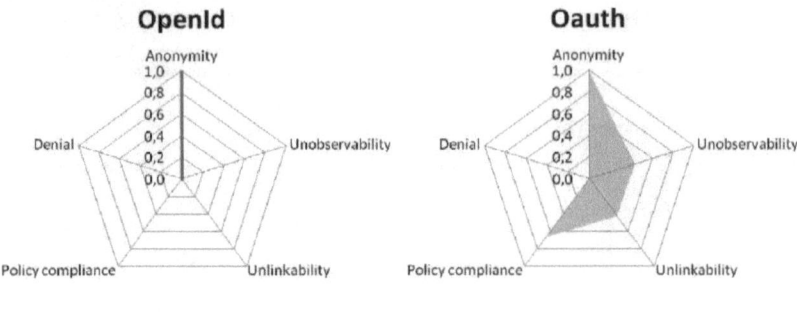

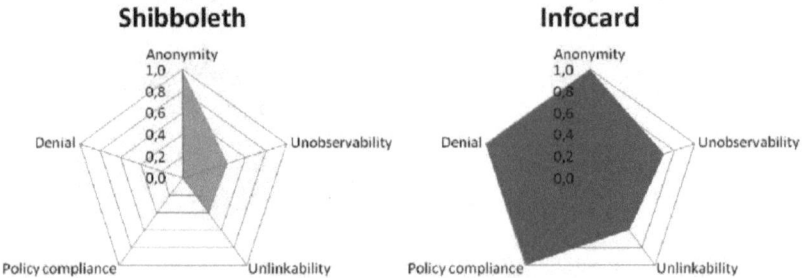

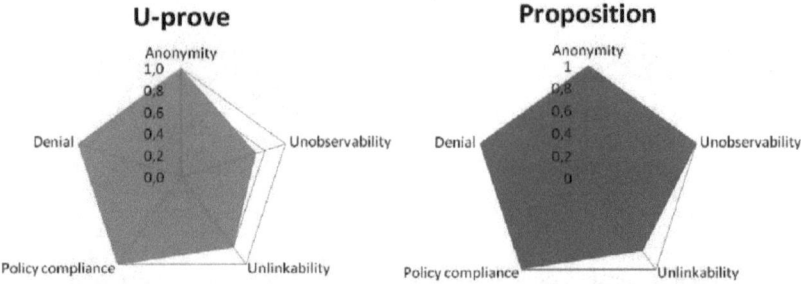

FIGURE 4.9 – Positionnement de la proposition en terme de protection de la vie privée par rapport aux autres solutions

4.4.1 Fournisseur de services

Nous avons implémenté le fournisseur de services sous la forme d'un site Web sur lequel l'utilisateur a besoin de présenter son identité pour accéder au service. Pour se faire, le site affiche un lien ou un bouton lui permettant de lancer la procédure d'authentification. Lorsque l'utilisateur clique sur ce lien, il est redirigé vers la page d'authentification. Cette dernière va afficher à l'utilisateur un QR code que l'utilisateur va pouvoir scanner avec son mobile. Dans un premier temps, le QR code permet de se passer d'une liaison entre le navigateur et le mobile, qui aurait pu être réalisée via bluetooth ou NFC. Le QR code généré par le service va coder l'URL de la politique d'accès du service Web d'authentification ainsi qu'un identifiant de session généré aléatoirement.

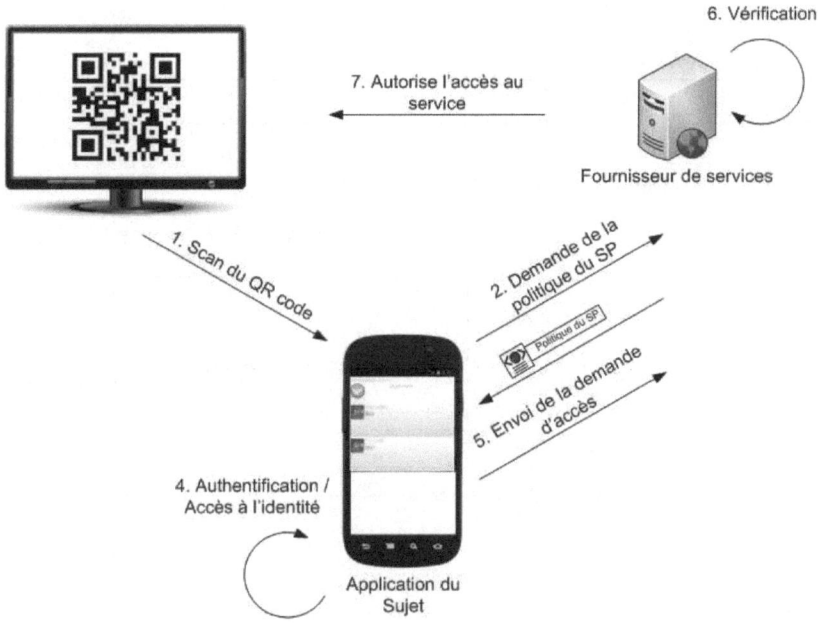

FIGURE 4.10 – Vue générale du système

Le service Web proposé ici comporte deux opérations, l'une permettant de s'authentifier et l'autre permettant de vérifier que l'authentification a bien eu lieu. Ces deux opérations sont décrites dans un fichier WSDL[126] qui est pointé par l'URL contenue dans le QR code. Ce fichier décrit également la politique d'identité du SP pour chaque opération. Afin de se prémunir d'une écoute, ces opérations sont accessibles via HTTPS. L'opération d'authentification prend en paramètre uniquement l'identifiant de session généré. Cependant, cette opération nécessite un entête sécurisé contenant l'identité de l'utilisateur telle que mentionnée dans sa politique. Ainsi, lorsque le mobile va faire une requête au service Web, l'entête de son message contiendra l'identité de l'utilisateur, alors que le corps ne contiendra que l'identifiant de session. En cas d'authentification réussie, cet identifiant ainsi que la validité de l'identité associée sont stockés par le SP. La seconde opération du service Web est une opération de vérification qui prend en paramètre l'identifiant de session et qui va requérir la base du SP et renvoyer le statut de l'authentification si celle-ci à été réalisée. Le diagramme 4.11 résume ces étapes.

Ce service Web est implémenté en Java et utilise le framework ouvert CXF [127]. Nous avons proposé pour l'instant un transport de l'identité via des assertions SAML2 et nous avons donc dû créer un validateur SAML2 pour le service Web permettant de vérifier les assertions fournies. Ainsi, ce validateur constitue le pendant de la politique inclue dans le fichier WSDL, il permet de vérifier la valeur des revendications d'identité et d'accorder le service en fonction de ces valeurs.

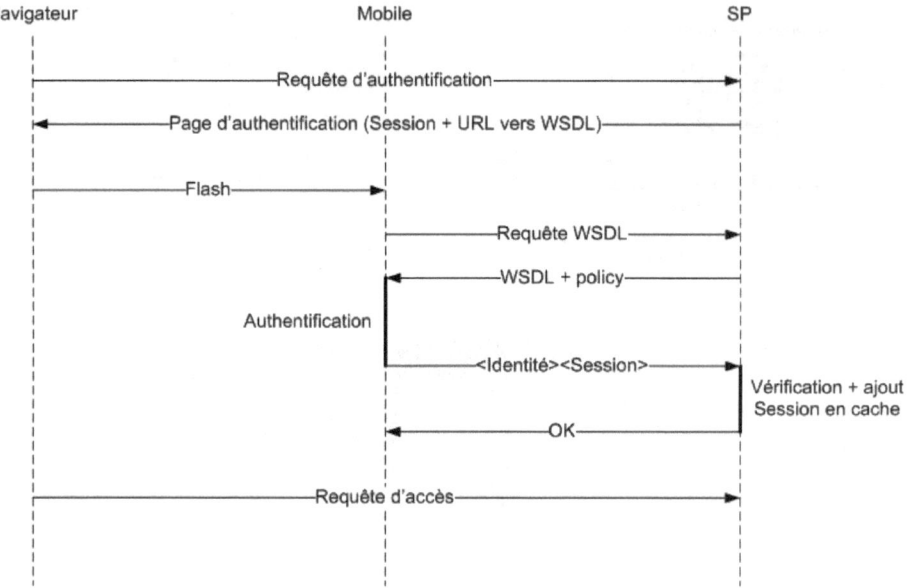

FIGURE 4.11 – Diagramme de séquence du service Web

4.4.2 Application mobile

Le choix du système d'exploitation Android était évident du fait de son caractère ouvert. Le sélecteur d'identités a donc été développé en Java pour cette plate-forme. Afin de lancer l'application lors du flashage du code, nous avons codé l'URL afin qu'elle soit reconnue par Android et associée à notre application de sélection d'identité. En effet, Android permet de créer des liens avec une syntaxe particulière et les associe à une application. Dans notre cas, la présence d'un lien commençant par *identity ://* entraîne le lancement de l'application, la suite du lien comportant l'URL du SP ainsi que l'identifiant de session.

A son lancement, l'application va faire une requête à l'URL du SP afin d'obtenir la politique du service contenue dans un fichier WSDL. Une fois la politique reçue, l'application va devoir l'analyser pour connaître les revendications attendues. Android ne permet pas nativement d'interroger des services Web via SOAP, la librairie kSOAP2[5] a donc été proposée pour le permettre. Cependant, cette librairie ne permet pas de générer nativement la sécurité et il manque donc toute l'implémentation des spécifications WS-Security. De même, il n'existe pas de manière automatisée pour construire les enveloppes SOAP à partir d'un fichier WSDL. Ainsi, nous avons dû implémenter notre propre analyseur WSDL ainsi que notre propre librairie pour gérer WS-Security.

Dans un premier temps, l'analyseur de fichier WSDL a pour rôle de découvrir l'identité demandée par le service, c'est à dire quelles revendications sont demandées pour accéder au service. Une fois ces éléments trouvés dans la politique, l'application mobile doit savoir si l'utilisateur peut émettre ces revendications. Plutôt que d'interroger le fournisseur d'identités mandataire à chaque fois, nous avons décidé d'implémenter une base de données des revendications disponibles. Cette base ne doit contenir que les références vers les revendications et non leur contenu car ces dernières ne doivent être connues que du fournisseur d'identités. Si les références existent dans la base, l'application affiche à l'utilisateur les identités numériques permettant de répondre à la politique d'identité du service sous la forme de cartes virtuelles (Figure 4.12).

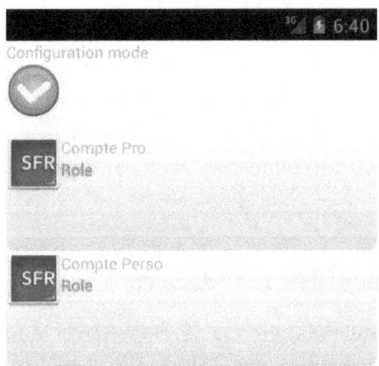

FIGURE 4.12 – Application de sélection d'identité

Une fois que l'utilisateur a sélectionné une des identités, l'application va construire l'enveloppe SOAP correspondante. La partie la plus simple est directement supportée par kSOAP2, il s'agit de construire le corps du message. Dans notre cas, le service Web est appelé avec un seul argument, l'identifiant de session. Ce dernier est donc placé dans le corps du message. La partie du message contenant l'identité est l'entête du message. La construction des entêtes suivant les spécifications WS-Security n'étant pas automatique avec kSOAP2, nous avons proposé une classe chargée de cette tâche. Elle a pour but de préparer les éléments XML qui doivent composer l'entête du message. Ainsi, elle va créer les assertions SAML2 permettant de transporter l'identité numérique de l'utilisateur. Il est important de noter que le contenu de ces assertions n'est pas

---

5. http ://code.google.com/p/ksoap2-android/

Instruction	Valeur	Commentaire
INS_VERIFY_AUTH	0x00	Permet la demande de vérification de l'authentification
INS_INIT_SP_KEY	0x01	Initialise la clé du fournisseur de services
INS_INIT_SP_NONCE	0x02	Initialise l'aléa provenant du fournisseur de services
INS_GET_CLAIM	0x03	Demande une revendication
INS_GET_CLAIM_SIGNATURE	0x04	Demande la signature de la revendication
INS_SET_ISSUER	0x05	Précise quel IdP doit attester une revendication
INS_SET_CURRENT_DATE	0x06	Initialise la date courante

TABLE 4.5: Tableau des instructions possibles

connu de l'application qui fait appel au fournisseur d'identités mandataire pour les obtenir. Afin de ne pas faire transiter en clair ces informations, les revendications d'identité sont chiffrées par le fournisseur d'identités mandataire.

Une partie de l'application mobile est consacrée à la communication avec l'élément sécurisé et le fournisseur d'identités mandataire. Pour permettre cette communication, nous proposons l'utilisation de l'API Open Mobile de SIM Alliance[6]. Les instructions permettant l'interaction avec le fournisseur d'identités mandataire sont détaillées sur le tableau 4.5. Ces dernières sont envoyées sur la forme d'APDU à l'élément sécurisé par l'application qui traite également les APDU de réponse.

4.4.3 Fournisseur d'identités mandataire

Le fournisseur d'identités mandataire est développé sous la forme d'une application Java-Card qui sert de point d'entrée aux requêtes d'identité. L'ordre des instructions envoyées au fournisseur d'identité mandataire est important. En effet, l'application mandataire doit tout d'abord authentifier l'utilisateur avant d'accepter toute autre instruction. Dans l'implémentation proposée, l'authentification est basée sur un code PIN mais la technique d'authentification est laissée libre. Les commandes qui doivent suivre ont pour but d'initialiser les transferts et correspondent donc à l'envoi de la clé publique du fournisseur de services et à l'envoi d'un aléa fourni également par ce dernier. Ces deux instructions doivent avoir eu lieu avant de pouvoir demander l'envoi des revendications d'identité ainsi que l'envoi des signatures associées. Lorsque la revendication demandée est issue d'une dérivation, le fournisseur d'identité mandataire appelle la méthode correspondante pour transformer l'identité.

Dans le schéma de l'architecture de la figure 4.1, le fournisseur d'identité mandataire est en

---

6. http ://www.simalliance.org/en/

liaison avec d'autres fournisseurs d'identités situés dans l'élément sécurisé. En effet, la politique d'un fournisseur de services peut spécifier un fournisseur d'identités particulier pour l'attestation des revendications. De même, le fournisseur de services peut nécessiter des revendications inconnues de l'IdP mandataire. Dans cette section, nous proposons une implémentation possible pour un autre fournisseur d'identités. Lorsque c'est nécessaire, l'application mobile peut préciser quel fournisseur d'identités est attendu à l'aide de l'instruction `INS_SET_ISSUER` avant de demander la revendication et sa signature. Si cette instruction n'est pas reçue, le fournisseur d'identités mandataire atteste lui-même l'identité. L'architecture choisie pour faire collaborer un autre fournisseur d'identité est de coder ce dernier sous la forme d'un package séparé. Ce dernier permet l'appel à des méthodes bien spécifiques qui reprennent les fonctions présentées dans la cartographie. Les valeurs des revendications sont stockées dans le package et elles sont déclarées privées afin que le fournisseur d'identité mandataire ne puisse les lire.

4.4.4   Perspectives d'amélioration

D ANS ce chapitre, nous avons détaillé notre système de gestion d'identités qui place l'opérateur de télécommunications comme un acteur de confiance. Ce système repose sur les hypothèses et recommandations de la cartographie présentée au chapitre 3. Néanmoins, certains choix d'implémentation méritent une discussion. Dans cette section, nous discutons de certaines limites et proposons des améliorations possibles du système.

Traçabilité

Dans l'implémentation proposée, le fournisseur d'identités mandataire signe les assertions à l'aide de sa clé privée. Cette particularité rend possible la traçabilité du fournisseur d'identité mandataire. Cela pose alors un problème de traçabilité pour l'utilisateur car ce dernier dispose vraisemblablement d'un seul et unique SE (par exemple, sa carte SIM). Des fournisseurs de services pourraient alors uniquement se baser sur la signature des assertions pour tracer les SE et donc les utilisateurs.

Afin de résoudre ce problème, la piste des schémas de signature de groupe peut être intéressante. Le concept de signatures de groupe a été introduit par Chaum dans [128]. Ces dernières permettent à un membre d'un groupe de signer un message anonymement en tant que membre du groupe. Dans [128], quatre schémas de signatures sont proposés. Pedersen et Chen ont montré dans [129] plusieurs problèmes dans ces schémas. Ils précisent notamment que seul un des schémas permet de protéger l'anonymat de manière inconditionnelle. Ils ont également mentionné qu'un schéma de signature de groupe doit permettre l'ajout de nouveaux membres après la phase d'initialisation. De même, le schéma doit permettre l'identification d'un signataire par une autorité. Petersen et Chen ont donc proposé deux autres schémas de signature plus intéressants. En particulier, l'ouverture est faite par une autorité de révocation indépendante du groupe. Ces schémas ont eux aussi été attaqués dans [130]. En effet, l'autorité peut accuser un membre du groupe d'avoir signé un message. Malgré certaines amélio-rations, les schémas avaient également un désavantage : la taille de la clé publique du groupe était dépendante de la taille du groupe et elle devait être mise à jour à chaque ajout d'un membre dans le groupe. Cette limitation a été levée par Camenisch et Stadler dans [131] avec un schéma dans lequel la taille des clés et des signatures est indépendante du nombre de membres.

Cependant, aucun des schémas évoqués ne permettait de résister aux attaques par coalition ce qui n'a été possible qu'avec le schéma ACJT de Atenieseet al. proposé dans [132]. Ce schéma a néanmoins un inconvénient lors de la révocation d'un membre du groupe qui est très coûteux en terme de calcul. Dans [133], les auteurs proposent donc un nouveau schéma qui déporte les calculs chez le vérifieur [7]. Les travaux suivants ont principalement consisté à réduire la taille des signatures, augmenter l'efficacité et la sécurité des schémas.

Dans notre cas, la particularité des signatures de groupe peut être intéressante pour l'opérateur qui gère alors un groupe de fournisseurs d'identités mandataires. C'est une approche qui est notamment celle du projet Européen ABC4trust [8].

Authentification

Dans notre implémentation, l'authentification de l'utilisateur est basée sur la saisie d'un code PIN. Cette méthode d'authentification est naturelle lorsqu'on authentifie l'utilisateur sur un SE. Cependant, d'autres méthodes d'authentification peuvent être utilisées. Dans le cadre de cette thèse, nous nous sommes intéressés aux techniques biométriques permettant de réaliser l'authentification de l'utilisateur. En effet, l'intérêt des smartphones est qu'ils disposent de plusieurs capteurs permettant l'acquisition de données biométriques (microphone, écran tactile, caméra). Ces données peuvent alors être transmises au fournisseur d'identités mandataire afin de les comparer avec un modèle enregistré.

Au cours de nos travaux, nous avons commencé par isoler plusieurs modalités biométriques en éliminant les modalités qu'il est impossible de capturer facilement avec un smartphone (par exemple, la rétine ou le réseau veineux). Les modalités restantes sont les suivantes :
- la texture de la main,
- la géométrie de la main,
- le visage,
- la voix,
- la dynamique de signature.

Afin de pouvoir effectuer la comparaison sur l'élément sécurisé, un minimum de ressources est exigé pour le stockage du modèle biométrique ainsi que la comparaison. Nos efforts se sont donc portés sur la dynamique de signature du fait de la faible quantité de données nécessaires pour

---

7. Verifier Local Revocation
8. https ://abc4trust.eu/

représenter un template. En effet, la donnée biométrique d'un individu est représentée par un vecteur de dimension 3 contenant les coordonnées x et y (point de passage de la signature) ainsi que l'instant t correspondant. De même, la vérification consiste en une corrélation linéaire entre le vecteur capturé et le vecteur de référence.

Cette idée a fait l'objet d'un développement séparé sous la forme d'une application Android permettant la vérification d'une signature. Néanmoins, la solution n'a pas encore été intégrée à notre système de gestion d'identités proposé dans la thèse car les phases d'évaluation des performances et le passage à une implémentation Javacard n'ont pas été finalisés.

4.5 Conclusion

D ANS ce chapitre, un système de gestion d'identités sur mobile a été proposé. Ce système, centré sur l'utilisateur fait appel à un client mobile qui interagit avec un fournisseur d'identités mandataire implémenté dans un élément sécurisé. Le modèle général a été spécifié en suivant les fonctions de la cartographie et en décrivant pour chacune d'elle, les mesures prises pour garantir la sécurité et le respect de la vie privée. Une implémentation du système a ensuite été détaillée sous forme d'une application Android permettant la sélection de l'identité et une application Javacard en tant que fournisseur d'identités mandataire.

L'implémentation a permis d'apporter une contribution à l'utilisation de services Web sécurisés sur téléphone Android avec l'implémentation d'un analyseur de politiques WS-SecurityPolicy. Ce dernier permet d'afficher à l'utilisateur les besoins en terme d'identité du service. Il gère la construction des enveloppes SOAP permettant de répondre au fournisseur de services et en particulier de former un entête suivant les spécifications WS-Security. Enfin, l'utilisation d'un fournisseur d'identités mandataire placé dans l'élément sécurisé a permis la dérivation de revendications d'identités et donc la protection de la vie privée des utilisateurs.

Sur ce dernier aspect, l'application mobile de sélection d'identité permet de protéger l'utilisateur des demandes explicites à son identité. Cependant, la vie privée de l'utilisateur peut être menacée par d'autres types de demandes. Le chapitre 5 est consacré à ces menaces et détaille un mécanisme de protection basé sur des ontologies.

Chapitre 5

Utilisation des ontologies pour la protection de la vie privée

Ce chapitre détaille une solution possible d'implémentation de la fonction Subject Privacy Engine présentée dans la cartographie du chapitre 3. Nous proposons l'utilisation d'un pare-feu sémantique utilisant des ontologies pour protéger la vie privée de l'utilisateur de mobile. Ce pare-feu permet de raisonner sur les requêtes faites par les applications mobiles et décider si ces dernières menacent la vie privée de l'utilisateur. Nous proposons ensuite une implémentation de ce pare-feu au sein du système d'exploitation Android permettant l'interception des requêtes.

Sommaire

5.1	Introduction	109
5.2	État de l'art de la protection de la vie privée sur smartphone	110
5.3	Les standards du Web sémantique	118
5.4	Pare-feu sémantique	122
5.5	Résultats et discussion	132
5.6	Conclusion	137

5.1 Introduction

DANS le chapitre 3, nous avons présenté une méthodologie appelée cartographie des acteurs et des fonctions. Cette cartographie a permis la représentation des systèmes de gestion d'identités ainsi que leur évaluation. Elle a également servi à l'élaboration d'un nouveau système de gestion d'identités centré sur l'utilisateur reposant sur un élément sécurisé et une application de sélection d'identité sur le mobile. Ce nouveau système a été conçu à l'aide de la cartographie avec pour objectif le respect des hypothèses de sécurité et de protection de la vie privée. Parmi les fonctions utilisées par ce nouveau système, la fonction *Subject Privacy Engine* est absente des principaux autres systèmes de gestion d'identités. Nous avons donc choisi de consacrer une partie de cette thèse à l'étude de cette fonction et à son impact dans un environnement mobile.

En effet, les mobiles et tout particulièrement les smartphones sont devenus des outils de la vie quotidienne pour de nombreuses personnes. Grâce à des connectivités avancées, ils offrent un ensemble varié de services qui vont de l'accès à Internet haut débit, à la télévision ou encore aux services de géolocalisation. Avec l'ajout de notre système de gestion d'identités, le smartphone devient réellement un couteau suisse numérique et la centralisation des services a d'ores et déjà attiré les convoitises. Plusieurs études [134, 135] indiquent que la menace de la collecte des données personnelles à l'insu de l'utilisateur est réelle. De même, le modèle de distribution des applications et systèmes d'exploitation mobiles est passé progressivement d'un modèle centralisé sous le contrôle de l'opérateur télécom à un modèle distribué où les utilisateurs peuvent installer eux-mêmes de nombreuses applications, voire changer complètement le système d'exploitation. A ce titre, la sécurité des appareils est souvent mise à mal et les utilisateurs font donc face à plusieurs types de menaces. Dans cette thèse, nous avons considéré trois menaces pour l'identité de l'utilisateur :

- l'accès aux données par une application non malveillante mais à l'insu de l'utilisateur,
- l'accès aux données par une application malveillante (virus, cheval de Troie),
- la compromission du système d'exploitation.

Dans ce chapitre, nous proposons une implémentation novatrice de la fonction *Subject Privacy Engine* reposant sur des politiques de protection de la vie privée représentées par des ontologies. En effet, ces dernières permettent de représenter un domaine de connaissance, ici la vie privée de l'utilisateur, les concepts de ce domaine ainsi que les relations entre ces concepts. Des raisonneurs basés sur la logique de description peuvent également être utilisés pour inférer de nouvelles connaissances. Nous proposons d'utiliser conjointement ces deux caractéristiques pour réaliser un pare-feu sémantique permettant l'interception des requêtes d'accès aux données. Dans la section 5.2 de ce chapitre, un état de l'art de la protection de la vie privée sur smartphone ainsi que sur la représentation des politiques de protection de la vie privée est réalisé. Nous proposons ensuite une implémentation possible de la fonction *Subject Privacy Engine*. Enfin, les résultats expérimentaux sont détaillés et discutés.

5.2   État de l'art de la protection de la vie privée sur smartphone

L ES principaux efforts sur la protection de la vie privée des utilisateurs de mobiles se concentrent sur deux problématiques : la sécurisation des systèmes et la représentation des politiques de protection de la vie privée. Cet état de l'art est donc dédié aux solutions existantes pour ces problématiques et se focalise sur les mobiles de type smartphone qui sont une cible de choix pour les attaquants.

5.2.1   Protections natives des systèmes

La plupart des systèmes d'exploitation pour smartphone proposent une protection native pour les données personnelles. Dans cette partie, nous nous intéresserons aux protections mises en place pour les systèmes iOS d'Apple, Blackberry OS de Reasearch In Motion (RIM) et enfin du système Android proposé par Google.

Vérification du code et signature

La première protection proposée par Apple ainsi que RIM est semblable à celle proposée par les opérateurs dans le passé, à savoir un contrôle des applications avant leur mise à disposition sur les magasins en ligne (App store et Appworld). De cette manière, les éditeurs des systèmes d'exploitation s'assurent que les applications disponibles ne sont pas malveillantes. Cette solution présente néanmoins plusieurs désavantages. Tout d'abord, elle est difficilement vérifiable par l'utilisateur qui doit donc faire entièrement confiance aux éditeurs. Ensuite, cette solution se révèle inefficace pour protéger les accès abusifs des applications si ces dernières ont été approuvées au préalable. Ces deux menaces sont présentées dans [136] et [137].

Une autre solution pour valider les applications est de les signer numériquement par leur développeur, ainsi la confiance ne repose plus seulement sur l'éditeur du système d'exploitation mais également sur le développeur de l'application. Cette approche présente malheureusement les même défauts que ceux évoqués ci-dessus. En effet, les développeurs abusent bien souvent de leur position pour obtenir, sans l'accord de l'utilisateur, des informations personnelles comme les carnets de contacts [137], afin de constituer des bases de données. Par ailleurs, sur le système Android, les certificats liés aux applications n'ont pas besoin d'être signés par une autorité et peuvent être autosignés [138].

Utilisation d'un manifeste

Sur Android [138], le point central de la sécurité du système repose sur le fait qu'aucune application ne peut interférer avec une autre application, le système ou l'utilisateur. Cela implique donc qu'une application ne peut pas lire ou écrire des données privées de l'utilisateur (comme ses contacts par exemple), les données d'une autre application ou encore accéder aux services du système comme les connexions réseaux. Comme Android isole les applications, ces dernières doivent explicitement déclarer les accès qu'elles souhaitent au sein d'un manifeste. Un exemple de fichier manifeste est donné en figure 5.1. Ce dernier est présenté lors de l'installation des applications et soumis à l'approbation de l'utilisateur sous une forme intelligible visible sur la figure 5.2. Par choix, il n'existe aucune protection en temps réel sur Android afin de ne pas perturber le ressenti de l'utilisateur. Cette protection pose néanmoins un problème dans le sens où l'utilisateur doit accepter toutes les permissions demandées pour utiliser une application. Ce modèle du tout ou rien engendre de nouveaux problèmes de protection de la vie privée sur les mobiles du fait que les utilisateurs se sentent obligés d'accepter les permissions demandées et donnent donc plus d'accès que nécessaire [139].

```
<manifest xmlns:android="http://schemas.android.com/apk/res/android"
    package="com.android.app.myapp" >
    <uses-permission android:name="android.permission.RECEIVE_SMS" />
    ...
</manifest>
```

FIGURE 5.1 – Exemple de manifeste permettant le suivi des SMS

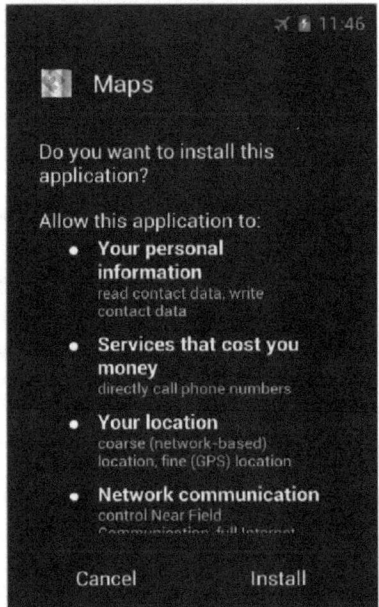

FIGURE 5.2 – Présentation du manifeste à l'utilisateur

Afin de permettre une gestion plus fine par l'utilisateur, RIM propose en plus du manifeste de pouvoir revenir sur les permissions accordées après l'installation des applications. Les permissions sont donc éditables par l'utilisateur qui peut donc mieux contrôler sa vie privée. Néanmoins, si ce dernier refuse d'accorder les permissions, l'application ne fonctionnera pas correctement et on rejoint là le même modèle que sur Android où la main de l'utilisateur est forcée. Depuis sa version 6, iOS d'Apple dispose également d'une protection qui propose un choix à l'utilisateur lors de l'utilisation de certaines données : géolocalisation, carnet de contacts, photos,... Apple précise en outre que les applications doivent gérer le cas où l'utilisateur refuse la permission. Cependant, il a été montré dans [140, 141] que les utilisateurs acceptent les permissions demandées sans les lire ou les comprendre. Cet état de fait a conduit certains chercheurs à considérer d'autres moyens de protection des données privées sur les smartphones.

5.2.2 Protections additionnelles

Dans cette partie, nous nous focalisons sur les travaux effectués pour le système d'exploitation Android sur lequel se focalisent la plupart des efforts. En effet, ce système libre équipe aujourd'hui plus de 50% des smartphones vendus [142] et est le seul qui permette les modifications nécessaires à un système tiers efficace de protection de la vie privée. L'architecture du système Android est reprise sur la figure 5.3; elle repose sur plusieurs couches : la première est un noyau linux, la seconde est constituée des librairies permettant d'interagir avec le noyau ainsi que la machine virtuelle JAVA appelée Dalvik, la troisième couche constitue le framework Android et enfin la dernière est la couche applicative. Dans cette partie, nous séparons deux types d'approches, celles qui s'intéressent à la protection au niveau applicatif et celles qui s'intéressent aux couches inférieures du système.

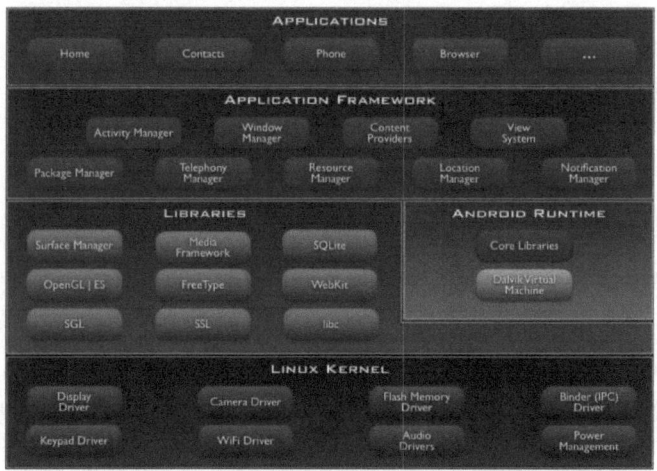

FIGURE 5.3 – Architecture du système Android [143]

Protections au niveau applicatif

Les protections mises en place au niveau applicatif présentent l'intérêt de ne pas nécessiter d'intervention sur le système d'exploitation. Parmi les efforts dans ce sens, on peut citer un certain nombre d'anti-virus qui intègrent des protections pour les données utilisateurs. La plupart de ces solutions, parfois proposées par des éditeurs d'anti-virus connus (comme Symantec, Avast ou McAfee) scannent l'ensemble des applications présentes sur le téléphone à la recherche d'applications malveillantes suivant une base de signatures et permettent de les bloquer. Certaines applications proposent également de protéger plus spécifiquement la vie privée des utilisateurs, par exemple de cacher la géolocalisation de l'utilisateur à l'instar de l'application PlaceMask[1]. Ces applications se comportent comme des services applicatifs qui interceptent les requêtes de géolocalisation. Les versions les plus avancées de ces systèmes requièrent néanmoins un téléphone modifié où l'utilisateur a la possibilité d'incarner le super utilisateur *root*.

Une autre proposition pour protéger la vie privée sur les mobiles consiste à analyser les applications pour repérer les accès aux données privées et à modifier ces dernières afin de bloquer ces accès. La détection des accès repose sur les travaux de Batyuk et al. [144] qui proposent d'analyser statiquement le bytecode contenu dans le package de l'application (.apk) pour y trouver les accès aux données ou leur transmission à des tiers. Une des idées de cet article, qui est reprise dans [145], est que l'on peut, dès lors qu'on a trouvé la partie de code contenant les accès, modifier le bytecode et repackager l'application (privacy after design). Ainsi, la nouvelle application intégrera directement des contre-mesures pour protéger la vie privée. Par exemple, l'application "Privacy Blocker" [146] qui repose sur ce principe remplace les données sensibles par des données factices. Cette solution présente néanmoins plusieurs inconvénients : le premier est que la détection n'est pas parfaite, les pourcentages fournis par [145] font état d'un taux de 66% pour l'accès aux contacts par exemple. Cette solution implique la modification a posteriori de toutes les applications, ce qui peut perturber fortement l'utilisateur habitué à télécharger et installer directement ses applications. De plus, le cycle de vie de ces applications est très court avec de fréquentes mises à jour ce qui rend cette approche inexploitable.

Protections au niveau du système d'exploitation

Pour éviter ce problème, certains travaux proposent de modifier les couches inférieures du système d'exploitation Android. Ce type d'approche repose sur plusieurs hypothèses : la première est que les applications malicieuses accèdent aux données via les mécanismes standards d'accès fournis par l'API Android. La seconde hypothèse est que les couches inférieures du système, à savoir le noyau, les services système et la machine virtuelle sont sécurisés. Une première méthode pour ajouter une surcouche de protection au système est d'ajouter un composant lors de la vérification des permissions accordées à une application. En effet, lors du lancement d'une application sur Android, le système vérifie de quelles permissions elle dispose par un appel au *Package Manager*. En modifiant ce dernier, on peut donc ajouter une deuxième vérification des permissions ; malheureusement, cette solution ne permet pas l'interception des requêtes en temps réel et se révèle donc insuffisante.

Pour permettre la protection en temps réel, Zhou et. al [147] proposent une solution appelé TISSA qui modifie plusieurs managers appelés lors de l'accès à une donnée privée, à savoir : le *Content Resolver*, le *Content Provider*, le *Telephony Manager* et le *Contact Manager*. La figure 5.4 présente par exemple les modifications effectuées afin de protéger les contacts. L'approche de TISSA est également intéressante car elle permet trois modes de réponse pour les applications :

---

1. http ://www.placemask.com/

- retour d'une valeur nulle ;
- retour d'une valeur anonymisée ;
- retour d'une valeur erronée.

Le retour d'une valeur anonymisée permet notamment de limiter l'impact sur les applications alors que les retours de valeur nulle ou erronée peuvent engendrer des erreurs d'exécution. Cette technique est d'ailleurs reprise dans le système AppFence [148]. Une des limitations présente dans TISSA concerne l'envoi de certaines données privées à l'extérieur du téléphone. En effet, pour obtenir un service, un utilisateur peut vouloir autoriser l'accès à une donnée personnelle mais ne pas souhaiter qu'elle soit communiquée. Afin de protéger les utilisateurs contre cette menace, Enck et. al [139] proposent un mécanisme appelé TaintDroid. Leur idée est de marquer les données privées et de suivre ces données dans le système afin d'empêcher leur transmission à l'extérieur. Ce marquage prend place au sein du framework Android par exemple dans le *Location Provider* qui est considéré comme sûr et les données marquées sont manipulées par les API du framework. Ce mécanisme permet donc de localiser une donnée marquée lorsqu'elle doit être envoyée hors du smartphone et il est alors possible d'empêcher cette transmission. C'est le cas dans AppFence par exemple qui implémente TaintDroid comme méthode pour empêcher la transmission.

Ces techniques de protection présentent un intérêt pour la protection de l'utilisateur, elles sont directement incluses au sein du système et permettent donc de protéger l'utilisateur directement sans qu'il ait à modifier ses applications. Néanmoins, ces approches présentent quelques désavantages. Tout d'abord, la capacité de détection, bien que plus importante que celle proposée au niveau applicatif n'est pas parfaite. TaintDroid, par exemple, ne peut pas marquer les données lorsqu'elles sont manipulées par du code natif. Une autre limitation, présente dans l'ensemble des travaux, concerne l'expression des politiques de protection des données. Les approches reposent sur un modèle de politiques semblable au manifeste d'origine d'Android, parfois complètement statique. Dans ces approches, l'accent a été mis pour permettre l'application de politiques de protection de la vie privée. Cependant, l'expression de ces dernières sous la formes de liste de contrôle d'accès (ACL [2]) reste la norme. Or, nous pensons que la vie privée est un concept difficilement représentable par ces ACL. Dans la partie suivante, nous nous intéressons donc aux travaux réalisés dans le domaine de la représentation des politiques de protection de la vie privée.

5.2.3   Modélisation des politiques de protection de la vie privée

La difficulté de la représentation des politiques de protection de la vie privée repose sur le fait que cette dernière peut avoir des significations différentes d'un individu à l'autre. En effet, un utilisateur peut vouloir empêcher l'accès à sa position alors qu'un autre l'autorisera. De même, les implications en terme de vie privée sont compliquées à représenter dans un système ; par exemple, un utilisateur peut souhaiter empêcher la collecte des informations venant de plusieurs

---

2. Access Control List

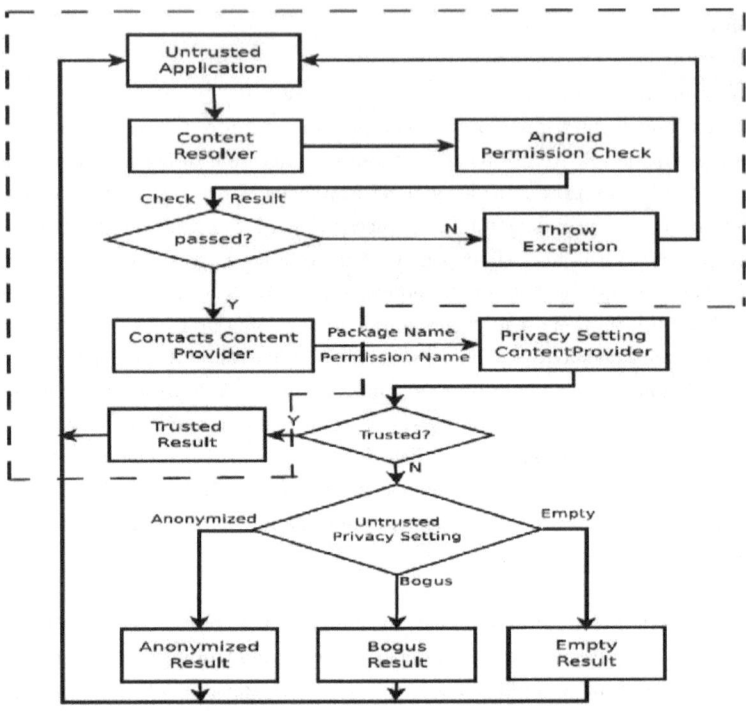

FIGURE 5.4 – Protection des contacts dans TISSA (source : [147])

applications développées par un même éditeur. Certains concepts comme la géolocalisation sont également difficiles à appréhender ; dans la plupart des systèmes présentés, la géolocalisation prend en compte les coordonnées GPS, la cellule GSM ou encore l'adresse IP du point d'accès wifi. Cependant l'adresse personnelle d'un contact représente également une donnée de géolocalisation d'un autre utilisateur.

Dans cette partie, nous présentons différents langages d'expression de politiques de protection de la vie privée et montrons l'intérêt des technologies du Web sémantique pour ces derniers. Les principaux effort dans ce sens ont été proposés pour protéger la vie privée des utilisateurs de sites Internet. Nous nous sommes donc naturellement intéressés aux travaux réalisés par le groupe d'intérêt pour les langages de politiques du consortium W3C (PLING)[3].

Représentation des politiques de protection de la vie privée

Les langages étudiés par le groupe d'intérêt du W3C peuvent être séparés en deux catégories :
- ceux qui permettent l'expression des politiques de protection pour restreindre les accès :

---

3. Policy Languages Interest Group

- – xACML [149] ;
- – Common policy [150] ;
- – Ponder2 [151] ;
- – AIR Policy Language [152] ;
- – Rei [153] ;
- – PROTUNE [154] ;
- – PRIME Languages [155] ;
- – KaoS [27].
- – ceux pour permettre d'expliciter les politiques décrivant l'usage fait des données person-
  nelles :
  - – P3P [85].

Par la suite, notre but étant de protéger les données privées de l'utilisateur, nous nous intéressons aux politiques d'accès de la première catégorie. Parmi ces dernières, deux manières de représenter une politique existent : en utilisant XML Schéma et en utilisant des ontologies. La première représentation [149, 150, 155] permet de valider une politique du point de vue de la syntaxe mais pas du point de vue logique. L'autre représentation sous la forme d'ontologies [152, 153, 27] permet cette validation sémantique tout en permettant une expressivité accrue. Les ontologies sont également plus utiles pour représenter le domaine auquel la politique est appliquée. Ainsi, des approches comme PRIME [155], qui font partie de la première catégorie, tirent profit des ontologies pour représenter les domaines d'application des politiques de protection.

Rei [153] propose une ontologie indépendante de l'application permettant de représenter les concepts de droit, d'interdiction, d'obligation ainsi que des règles de politique. Elle inclut une classe générale représentant le concept d'action à réaliser lié par des propriétés d'objets à des pré-conditions, des cibles et des résultats. Pour sa part, KaoS [27] a été proposé dans le vaste contexte des systèmes multi-agents et distribués. Il s'agit d'un framework complet pour appliquer des politiques ; il intègre un outil appelé KPAT permettant aux utilisateurs de spécifier, analyser et modifier les politiques d'autorisation et d'obligation en masquant la complexité du langage OWL aux utilisateurs. Les politiques sont appliquées par des "gardes" qui intègrent des versions pré-raisonnées des politiques et maintiennent un historique des décisions prises. KaoS intègre un environnement complet, or une version simplifiée, excluant la partie multi-agents, conviendrait mieux à la protection sur un mobile. L'approche de Rei semble donc la plus adaptée à la représentation de politiques visant à contrôler les atteintes à la vie privée des utilisateurs. Cependant, Rei reste trop complexe et le moteur d'inférence proposé est développé en Prolog ce qui semble inadapté à un usage mobile. A l'instar de KaoS, elle n'est également pas directement applicable à la protection de la vie privée sur un mobile. Nous proposons donc dans la section suivante notre représentation des politiques de protection de la vie privée spécifique au mobile inspirée de ces travaux.

Représentation de l'identité numérique

Les ontologies sont particulièrement intéressantes pour représenter les concepts liés à l'identité. En effet, comme nous l'avons défini dans le premier chapitre, l'identité numérique est constituée de revendications qui peuvent être de différents types : des pseudonymes, des numéros de téléphone, des comptes email, etc... Pour représenter cette diversité, plusieurs ontologies ont donc été proposées en fonction des domaines étudiés. La première approche considérée est celle proposée par l'ontologie Friend Of A Friend (FOAF) [156] qui permet de représenter les identités sur les réseaux sociaux. Le coeur de FOAF décrit les caractéristiques des personnes et des groupes de personnes et la notion de réseau social est modélisée par la propriété `foaf:knows`. L'ontologie FOAF permet en outre de représenter d'autres concepts utiles pour la protection de la vie privée comme les concepts de pages personnelles ou de comptes Internet. Cette ontologie générale est adaptée aux réseaux sociaux mais plusieurs concepts manquent pour représenter l'ensemble des identités sur un smartphone. Certaines de ces informations peuvent se trouver dans le standard vCard [157] pour les cartes de visite électroniques. Les vCards contiennent les informations personnelles et professionnelles des personnes, leurs adresses et leur position géographique, leurs emails, des logos ou photos ou même des fichiers audio. Ces vCards peuvent êtres attachées aux emails, être directement intégrées dans des pages Web ou être représentées en XML/RDF détaillé dans la section suivante. L'ontologie correspondante peut être trouvée dans [158] ; elle permet notamment de préciser certaines informations, par exemple qu'un numéro de téléphone est également un numéro de fax.

5.3 Les standards du Web sémantique

Nous avons vu que ce sont les approches utilisant des ontologies qui permettent le plus d'expressivité pour les politiques de protection de la vie privée. Le terme ontologie a été emprunté par l'informatique à la philosophie au début des années 1990. Thomas Gruber en donne en 1993 [159] la définition suivante : "ontology is a specification of a conceptualization". Une ontologie fournit un référentiel pour construire un système à base de connaissances et permettre des inférences pour la recherche d'information. Elle inclut généralement une organisation hiérarchique des concepts et des relations entre ces concepts. On appelle subsomption le fait de placer une catégorie au-dessus d'une autre (ex. la catégorie "véhicule" subsume la catégorie "voiture" car c'est un concept plus général). Les ontologies utilisent également d'autres propriétés comme la partonomie qui est basée sur la composition et non la subsomption (ex : un moteur est une partie de voiture).

Nous allons maintenant détailler certains des standards du Web sémantique visibles sur la figure 5.5. Nous commençons par évoquer le standard RDF permettant de décrire les ressources du Web sémantique. Nous présentons ensuite les schémas qui permettent de représenter une ontologie en commençant par un schéma léger, RDFS puis un schéma lourd, OWL. Enfin, nous décrivons SPARQL qui permet de faire des requêtes sur les ontologies ainsi que les langages de règles permettant de réaliser des inférences sur ces dernières.

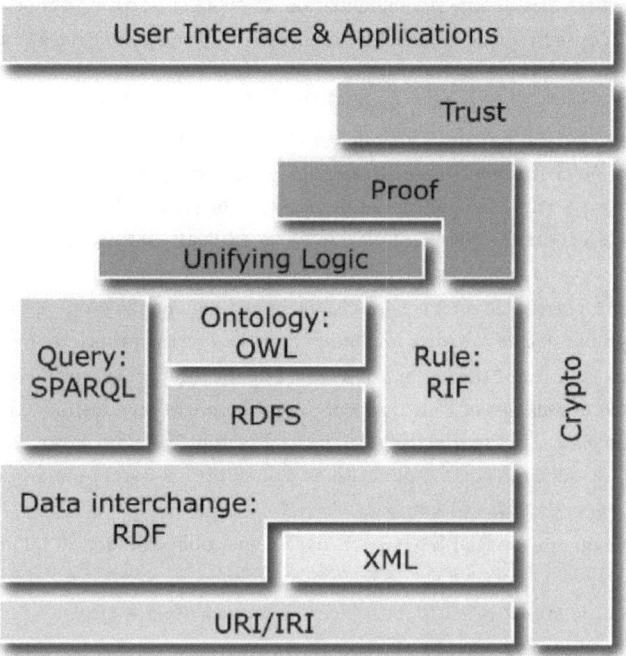

FIGURE 5.5 – Pile des standards du Web sémantique

5.3.1   RDF

RDF [160] est la première brique des standards du Web sémantique qui permet la description des ressources, notamment des ressources sur le Web. RDF s'insère dans l'architecture classique du Web en réutilisant notamment les URI [161] pour identifier les ressources décrites. Les ressources sont l'élément de base du Web sémantique, tout élément auquel on peut se référer est une ressource, par exemple une page Web, une photo d'identité, etc.

La plus petite structure de description en RDF est le triplet. Ce dernier décrit et relie une ressource en l'associant à une propriété et à la valeur de cette propriété. La ressource constitue le sujet du triplet, la propriété correspond au prédicat et la valeur de la propriété à l'objet du triplet. Ainsi, la structure de données de base de RDF est un triplet de la forme <sujet,prédicat,objet>. Ce type de triplet peut également être vu comme deux sommets (ou noeuds) d'un graphe décrivant les ressources reliés par un arc étiqueté.

5.3.2 RDFS

RDF Schéma, ou RDFS, est le langage de description et de vocabulaire associé à RDF ; il a été créé en 1998 et est devenu une recommandation du W3C en 2004. RDFS permet de nommer les classes et les propriétés et de donner les signatures des propriétés, c'est-à-dire les classes des ressources liées par ces propriétés.

Une classe est désigné par un URI, elle est décrite comme étant de type `rdfs:Class` en utilisant la propriété `rdf:type` (ex. `<id:Action, rdf:type, rdfs:Class>`. De même, une propriété est de type `rdfs:Property`. Le domaine et la portée d'une propriété constituent la signature de la propriété, elles sont déclarées en utilisant les propriétés `rdfs:domain` et `rdfs:range` :

- `rdfs:domain` permet de désigner les classes dans lesquelles la propriété prend son sujet ;
- `rdfs:range` permet de désigner les classes dans laquelle la propriété prend ses valeurs.

Les propriétés `rdfs:subClassOf` et `rdfs:subPropertyOf` permettent de définir respectivement la hiérarchie des classes et celle des propriétés. En outre, une instance d'une classe peut elle aussi être une classe, la super-classe est dans ce cas appelée méta-classe. Ainsi, la ressource `rdfs:Resource` est déclarée comme la classe de toutes les ressources mais également comme une instance de la classe `rdfs:Class`.

La sémantique du modèle RDFS se traduit par un ensemble d'inférences qu'un moteur RDFS doit accomplir :

- Si E contient le triplet `<?x,?p,?y>` alors E contient aussi le triplet `<?p,rdf:type,rdf:property>`.
- Si E contient les triplets `<?u,?rdfs:subClassOf,?v>` et `<?v,?rdfs:subClassOf,?w>` alors E contient aussi le triplet `<?u,?rdfs:subClassOf,?w>`.
- Si E contient les triplets `<?x,rdf:type,?u>` et `<?u,?rdfs:subClassOf,?v>` alors E contient aussi le triplet `<?x,rdf:type,?v>`.
- Si E contient les triplets `<?x,?p,?y>` et `<?p,rdfs:range,?u>` alors E contient le triplet `<?y,rdf:type,?u>`
- Si E contient les triplets `<?x,?p,?y>` et `<?p,rdfs:domain,?u>` alors E contient le triplet `<?x,rdf:type,?u>`

En calculant la fermeture transitive de ces relations, on infère de nouvelles relations de généralisation/spécialisation entre classes ou propriétés.

5.3.3 OWL

OWL (Ontology Web Language) est le langage de définition d'ontologies pour le Web de données. La première version, OWL 1 est une recommandation du W3C depuis 2004, il est beaucoup plus expressif que RDFS qui ne permet que de définir que des ontologies dites légères. La seconde version, OWL 2 est également une recommandation depuis 2009 et est rétrocompatible avec OWL 1. Parmi les sous langages associés à OWL ; le langage OWL DL[4] (resp. OWL 2 DL) est important car il garantit la décidabilité des inférences faites sur le modèle. OWL permet d'exprimer les relations d'équivalence de classes ou de propriétés, d'égalité de ressources, de différence, de contraire, de symétrie, de cardinalité, etc. Le vocabulaire du langage OWL étend celui du langage RDFS.

Ainsi, trois propriétés permettent de décrire une classe OWL :
- `rdfs:subClassOf` réutilisée dans OWL,
- `owl:equivalentClass` qui permet d'exprimer que deux classes sont équivalentes,
- `owl:disjointWith` qui permet d'exprimer qu'une classe est disjointe d'une autre.

Ainsi, en déclarant disjointes deux classes comme `Homme` et `Femme`, on s'assure qu'un individu ne soit pas à la fois décrit comme un homme et une femme. À l'inverse, en ne déclarant pas disjointe les classes `Homme` et `Oncle`, un individu peut être à la fois un `Homme` et un `Oncle`. OWL distingue deux classes de propriétés :
- la classe `owl:ObjectProperty` regroupe les propriétés dont la valeur est une ressource ;
- la classe `owl:DatatypeProperty` regroupe les propriétés dont la valeur est un littéral.

OWL autorise un certain nombre de restrictions de cardinalité et de quantification sur les propriétés d'objet. Cela assure un grand pouvoir d'expression. Les restrictions de quantification sont :
- quantification existentielle : un individu a *au moins une* relation avec un autre individu d'une classe donnée.
- quantification universelle : un individu a *seulement une* relation avec un autre individu d'une classe donnée.

Les restrictions de cardinalité sont :
- minimum : spécifie le nombre minimum de relations ;
- maximum : spécifie le nombre maximum de relations ;
- exactement : spécifie le nombre exact de relations.

5.3.4 SPARQL

SPARQL (Simple Protocol and RDF Query Language) constitue le moyen le plus utilisé pour interroger et manipuler des graphes RDF ; il s'agit d'une recommandation du W3C depuis 2008. Il existe quatre formes de requêtes SPARQL : `SELECT`, `ASK`, `CONSTRUCT` et `DESCRIBE`. La requête `SELECT` permet de retourner tous les triplets RDF répondant à certaines conditions. La requête `ASK` retourne une valeur booléene, vraie s'il existe au moins une réponse et faux sinon. Une requête `CONSTRUCT` retourne un graphe RDF construit pour l'occasion, dont le patron est précisé dans les clauses de la requête et dont les variables sont remplacées par leurs valeurs. Enfin, une requête `DESCRIBE` retourne une description des ressources. Ceci permet de découvrir des ressources sans connaître les schémas de leur description.

---

4. Description Logic

5.3.5 Règles

La sémantique des ontologies peut être vue sous la forme d'implications de la logique du premier ordre qui peuvent être utilisés comme socle d'une implémentation à base de règles. Il est ainsi possible d'implémenter un moteur à base de règles, en particulier en chaînage avant, permettant d'inférer de nouvelles connaissances. Nous utilisons cette particularité dans l'architecture proposée dans la section suivante pour implémenter des règles de protection de la vie privée. Nous ne détaillons pas ici le standard RIF pour l'échange de règles sur le Web car il est encore peu utilisé du fait de sa complexité et du manque de plate-formes disponibles à l'heure actuelle. Parmi les plate-formes les plus utilisées, Jena [162], développée en Java, propose son propre langage de règles et n'implémente pas RIF.

5.4 Pare-feu sémantique

D ANS la section précédente consacrée à un état de l'art des mécanismes dédiés à la protection de la vie privée sur mobile, nous avons montré que l'essentiel du travail réalisé autour de ces protections négligeait la partie expression de politiques. C'est pourquoi nous avons terminé cet état de l'art en présentant les travaux réalisés dans le domaine du Web sémantique sur ces problématiques. Dans cette thèse, nous proposons donc une architecture innovante pour protéger la vie privée des utilisateurs sur les smartphones qui prenne en compte ces dernières avancées en matière d'expression de politiques. L'architecture proposée suit le modèle intégré au système d'exploitation qui nécessitera une réinstallation complète pour pouvoir être intégrée. Si cette contrainte peut poser problème pour un particulier, elle n'en est pas une pour un opérateur télécom habitué à proposer à ses abonnés une version modifiée du système.

5.4.1 Architecture d'aide à la décision basée sur des ontologies

Présentation de l'architecture

Comme évoqué dans l'état de l'art de ce chapitre, l'utilisation d'ontologie pour représenter des politiques d'accès a été exploré par Kagal et. al dans [153]. Nous proposons d'utiliser une approche similaire pour représenter la politique de protection de la vie privée. Pour ce faire, nous présentons tout d'abord une architecture d'aide à la décision basée sur des ontologies et nous montrons ensuite comment s'effectue la prise de décision sur l'accès aux données privées d'un utilisateur. Cette architecture, présentée sur la figure 5.6, est constituée de trois couches distinctes :
- une couche de décision,
- une couche applicative,
- une couche des connaissances.

Dans ce qui suit, l'architecture est présentée en commençant par l'élément principal de la couche des connaissances qui est l'ontologie représentant les concepts grâce auxquels une décision est prise. Le deuxième élément est la base de règles exprimant les contraintes sur l'ontologie. La couche applicative consiste, quant à elle, en deux fonctions que sont la création d'individus dans l'ontologie et l'exécution des raisonneurs logiques. Enfin, la couche de décision contrôle les couches inférieures et prend les décisions. Cette architecture est basée sur les standards ouverts que sont le langage OWL [163] et l'API libre JENA [162].

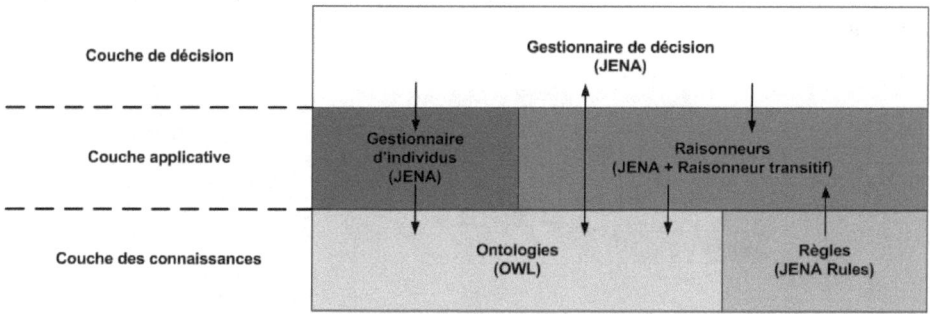

FIGURE 5.6 – Architecture d'aide à la décision basée sur les ontologies

Ontologie

L'ontologie est le composant principal de l'architecture, elle est utilisée pour représenter les concepts sur lesquels les décisions sont prises ainsi que les relations entre ces concepts. Nous avons choisi de la développer dans le langage OWL présenté ci-dessus. Le choix de ce langage est non seulement motivé par son expressivité mais également par l'existence d'éditeurs d'ontologie comme Protégé [164] développé par l'université de Stanford, dont l'interface conviviale facilite l'expression des connaissances.

L'ontologie pour la prise de décision est appelé ontologie coeur; elle regroupe les concepts spécifiques à la prise de décision et est décrite sur la figure 5.7. Pour l'application à la vie privée, l'ontologie coeur doit être étendue par dérivation des classes id:Agent, id:Action et id:Objet présentées ci-dessous. Le concept principal de l'ontologie coeur est le concept de id:Policy. Nous nous sommes inspirés des travaux conduits sur la gestion de politiques basés sur des ontologies comme SOUPA, Rei ou KaoS présentés dans l'état de l'art du chapitre. Une id:Policy est en relation avec les concepts de la portée qu'elle contrôle. Pour cela, une propriété d'objet id:controls est ajoutée au concept de Policy avec une id:Action comme portée. Dans notre architecture, une politique est en charge du processus d'autorisation. Pour cela, deux autres propriétés d'objet sont ajoutées id:permits et id:forbids. Ces deux propriétés sont nécessaires car OWL suit l'hypothèse du monde ouvert dans lequel tout ce qui est inconnu est indéfini. Ces deux propriétés ont une portée différente (id:PermitteddAction et id:ForbiddenAction) qui implique qu'une politique autorise ou interdit deux concepts d'actions. Il faut tout de même noter que ces deux concepts ne sont pas disjoints ; cela signifie qu'une action interdite peut également être classée comme une action autorisée. Une propriété `id:hasDefaultPolicyMode` est ajoutée à la classe `id:Policy`. La classe `id:Policy` possède également une propriété `id:requires` dont la portée est une `id:Condition`. Cela permet d'exprimer des pré-requis pour une politique. Enfin, une politique possède deux propriétés contextuelles qui sont la date de création `id:createdOn` et le propriétaire de la politique `id:hasCreator`. Le lien vers l'ontologie complète est présent dans l'annexe B.

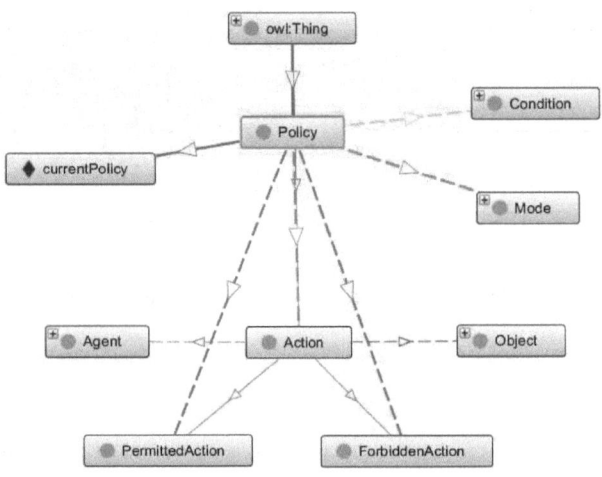

FIGURE 5.7 – Le concept de Policy et ses relations avec les autres concepts dans Protégé (représentation ontoGraph)

Règles

C'est la politique en charge du processus d'autorisation qui décide si une action doit être autorisée ou interdite. Une telle décision est rendue possible par l'application d'un ensemble de règles à l'ontologie. Les règles utilisées dans notre architecture sont écrites dans la syntaxe "Jena rules" et utilisent deux types d'instructions [165] :

- des triplets de type <sujet, predicat, objet> où le sujet, le prédicat et l'objet sont des noeuds (i.e. `(?x rdf:type id:Action)`)
- des prédicats booléens préconstruits comme `notEqual` ou `noValue`

Un exemple de règle extrait de [166] est donné en figure 5.8. Dans cet exemple, la règle stipule que tout conducteur possédant un permis et n'ayant jamais eu un accident peut souscrire une assurance.

```
@prefix rdf: http://www.w3.org/1999/02/22-rdf-syntax-ns#
@prefix ex: http://example.com/
@prefix xs: http://www.w3.org/2001/XMLSchema#
[eligibleDriver: (?d rdf:type ex:EligibleDriver)
<-
(?d rdf:type ex:Driver)
(?d ex:certificateType ex:DriverSchoolCertificate)
(?d ex:accidentsNumber "0"^^xs:integer)]
```

FIGURE 5.8 – Exemple de règle utilisant la syntaxe Jena Rules

Raisonneurs sémantiques

L'intérêt des ontologies est qu'elles peuvent être traitées par des raisonneurs sémantiques. Les raisonneurs transitifs sont utilisés pour calculer la fermeture transitive des classes et des propriétés. Les raisonneurs basés sur la logique de description comme Pellet [167] peuvent également vérifier la cohérence de l'ontologie, c'est-à-dire vérifier que toutes les classes peuvent être instanciées. Dans notre proposition, deux raisonneurs sont appelés successivement. Tout d'abord, un raisonneur transitif pour valider l'ontologie et construire un modèle classifié, puis un raisonneur capable d'inférer de nouvelles connaissances à partir des Jena rules [5]. Cela permet en particulier de décider si une action est autorisée ou interdite. Ce dernier supporte trois modes de fonctionnement à savoir : chaînage avant, chaînage arrière ou hybride. Dans notre cas, c'est le chaînage avant basé sur l'algorithme de RETE [168] qui est utilisé.

Gestionnaire d'individus

Le gestionnaire doit créer tous les triplets RDF qui correspondent à la connaissance du domaine fournie par le gestionnaire de décision. Pour pouvoir prendre une décision, les individus correspondants à l'action doivent être présents dans l'ontologie. Dans notre architecture, cette instanciation est réalisée pas un gestionnaire d'individus qui est responsable de la création d'au moins trois individus et de deux propriétés d'objet. Le premier individu créé est l'action (`id:Action`) qui est concernée par la politique. Les individus suivants sont respectivement l'acteur (`id:Acteur`) et la portée (`id:Object`) de l'action. Le gestionnaire est également en charge des propriétés et doit donc créer les triplets RDF suivants : `<action hasActor actor>` et `<action hasTarget object>`.

Prise de décision

Le gestionnaire de décision est la dernière couche de l'architecture et interagit avec les autres couches via des méthodes spécifiques. Parmi les méthodes implémentées, les premières sont celles en charge de l'initialisation de l'architecture, à savoir : `loadModel()` et `loadRules()`. Ces deux méthodes permettent respectivement le chargement de l'ontologie et des règles. Ensuite, les raisonneurs sont appelés via la méthode `createReasoners()`. Une fois l'initialisation terminée,

---

5. Jena generic rule reasoner

le gestionnaire utilise la méthode `createInstances()` pour appeler le gestionnaire d'individus dans le but de créer les instances nécessaires. Il lance également les raisonneurs à l'aide de la méthode `launchReasoners()`. Enfin, il peut interroger l'ontologie afin de prendre une décision. Pour ce faire, la méthode générique `makeQuery()` est implémentée. Les requêtes `SELECT` et `ASK` de SPARQL sont utilisées dans notre cas, `SELECT` permet d'extraire les données de l'ontologie tandis que `ASK` permet de vérifier si une action est classifiée comme autorisée ou interdite. Enfin, la méthode `makeDecision()` est appelée pour renvoyer les résultats de la prise de décision.

5.4.2 Protection de la vie privée à l'aide d'ontologies

Couche de connaissances

Dans cette sous-section, les concepts du domaine de la protection de la vie privée sont présentés. Ces concepts sont inspirés de ceux des ontologies évoquées dans l'état de l'art à savoir FOAF [156] et vCard [158]. L'objectif étant de protéger la vie privée de l'utilisateur d'applications malveillantes, deux concepts sont tout d'abord indispensables : le fournisseur de services, `id:ServiceProvider` et la personne, `id:Person`. Ces deux classes sont toutes deux des sous-classes de la classe `id:Agent` de l'ontologie coeur. Le fournisseur de services représente les applications mobiles alors que le concept de personne représente l'utilisateur du téléphone ou tout autre sujet, par exemple un contact. L'agent est également en relation avec deux nouveaux concepts qui sont `id:IdentityInformation` représentant l'identité numérique d'un agent et `id:Data` qui représente les données de ces agents. Les propriétés d'objet liant ces classes sont respectivement `id:hasIdentity` et `id:hasData`. La classe `id:Data` est une sous-classe d'`id:Object` et est donc en relation avec la classe `Action` définie dans l'ontologie de décision avec la propriété `hasTarget`. Afin d'être adapté au système Android, le concept `Data` possède également plusieurs sous classes comme `id:ContentProvider` par exemple. Représenter une requête par une application dans l'ontologie consiste en la création d'un individu `id:Action` qui possède les propriétés suivantes : la propriété `id:hasTarget` dont la portée est l'instance de `isData` demandée et la propriété `id:hasActor` dont la portée est une instance de `id:ServiceProvider` correspondant à l'application. L'ontologie ainsi dérivée est présentée sur la figure 5.9.

La première menace contre laquelle nous souhaitons protéger l'utilisateur est l'accès direct d'une application à une donnée sensible. Par exemple, l'application malicieuse *malApp* souhaite lire l'adresse mail de l'utilisateur *email*. La règle 5.10 correspond à cette situation.

La règle 5.10 représente une simple menace pour la protection de la vie privée où le fournisseur de services et la donnée demandée sont identifiés. On peut voir ce type de règle comme une ACL [6], cependant, il n'est pas toujours possible de connaître autant d'informations sur la requête. C'est pourquoi l'inférence de nouvelles connaissances à partir des ontologies est intéressante. Ce point est illustré dans la menace suivante : cette fois-ci, l'utilisateur souhaite protéger sa position géographique et seulement la divulguer aux applications vérifiées. Cela ce traduit en

---

6. Access Control List

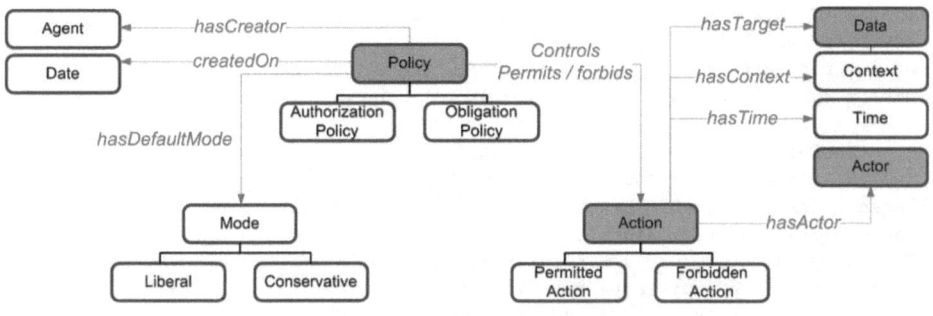

FIGURE 5.9 – Ontologie pour la représentation de politiques

```
@prefix id: http://www.identity.org/ontologies/
  identity.owl#
@prefix rdf: http://www.w3.org/1999/02/22-rdf-syntax-ns#
@prefix rdfs: http://www.w3.org/2000/01/rdf-schema#

[simpleRule: (?action rdf:type id:Action)
(?action id:hasActor id:malApp)
(?d rdf:type id:email)
(?action id:hasTarget ?d)
-> (id:currentPolicy id:forbids ?action)]
```

FIGURE 5.10 – Règle pour empêcher l'accès à l'adresse mail de l'utilisateur

"bloquer l'accès de toutes les applications dont le certificat n'est pas valide à n'importe quel type de donnée de géolocalisation". En effet, sur un mobile, la géolocalisation peut être obtenue à partir du plusieurs sources différentes : le GPS, la cellule GSM ou encore l'adresse IP d'un point d'accès WiFi. La règle 5.11 permet d'exprimer la protection attendue et repose sur le fait que les données telles que le GPS ou la cellule GSM sont des sous-classes de la classe id:LocationData.

Couche applicative

La couche applicative consiste en l'implémentation du gestionnaire d'individus et des raisonneurs dans un environnement mobile. Nous avons opté pour l'environnement Android pour son côté libre et sa popularité et surtout parce qu'il existe sur Android un portage de l'API JENA appelé AndroJena [169] qui propose les méthodes pour charger et manipuler une ontologie sur Android. Dans notre cas, le gestionnaire d'individus est utilisé pour créer les requêtes dans l'ontologie et créer les propriétés entre ces requêtes et les id:Data et le id:ServiceProvider. Le gestionnaire d'individus est également en charge de la création d'individus liés à l'historique des requêtes. En effet, la protection de la vie privée est également un problème temporel, garder un historique des requêtes est un moyen de conserver un état de l'architecture et ainsi protéger

```
@prefix id: http://www.identity.org/ontologies/
 identity.owl#
@prefix rdf: http://www.w3.org/1999/02/22-rdf-syntax-ns#
@prefix rdfs: http://www.w3.org/2000/01/rdf-schema#

[locationRule: (?action rdf:type id:Action)
(?action id:hasActor ?actor)(?actor rdf:type ?agent)
(?agent rdfs:subClassOf id:Agent)
(?actor id:hasIdentity ?identity)
(?identity rdf:type id:IdentityInformation)
(?identity id:hasCertificate ?certificate)
(?certificate rdf:type id:ValidCertificate)
(?d rdf:type ?data)(?data rdfs:subClassOf id:LocationData)
(?action id:hasTarget ?d)
-> (id:currentPolicy id:forbids ?action)]
```

FIGURE 5.11 – Règle pour empêcher l'accès à la géolocalisation

l'utilisateur d'applications qui chercheraient à accéder à leurs informations au cours du temps. Les raisonneurs font également partie de la couche applicative et sont appelés en utilisant les méthodes natives de l'API AndroJena. Dans le cas de la protection de la vie privée, le raisonneur à base de règles générique est utilisé en combinaison avec le raisonneur transitif de Jena afin de classifier les requêtes en `id:ForbiddenAction` ou `id:PermittedAction`.

Couche de décision

La couche de décision repose également sur l'API AndroJena. Le gestionnaire de décision est en charge du traitement des requêtes faites par les applications pour les traduire en demandes au gestionnaire d'individus de la couche applicative. Le gestionnaire de décision peut également demander le lancement des raisonneurs afin de classifier l'ontologie. Le gestionnaire doit également procéder à l'interrogation de l'ontologie et il exécute en particulier deux requêtes SPARQL `ASK` pour savoir si la requête de l'application est classifiée comme `id:ForbiddenAction` et comme `id:PermittedAction`. Ces deux requêtes s'expliquent par l'hypothèse du monde ouvert prise par les ontologies. En effet, les deux classes ne sont pas disjointe dans l'ontologie. Si ce n'était pas le cas, deux règles contradictoires entraîneraient une incohérence et rendrait toute décision impossible. De plus, Jena ne peut traiter des ontologies incohérentes et renvoie donc toujours des erreurs. Dans notre cas, si l'action n'est pas classifiée ou si elle l'est à la fois sous les deux classes, une règle par défaut permet tout de même la décision sans bloquer le programme. Enfin, l'algorithme 1 est exécuté pour la prise de décision.

Algorithme 1 Algorithme de décision utilisé pour la protection de la vie privée

si $ForbiddenAction$ && $PermittedAction$ **alors**
$\quad r \leftarrow defaultMode$
sinon si !$ForbiddenAction$&&!$PermittedAction$ **alors**
$\quad r \leftarrow defaultMode$
sinon si $ForbiddenAction$ **alors**
$\quad r \leftarrow FALSE$
sinon si $PermittedAction$ **alors**
$\quad r \leftarrow TRUE$
finsi
return r

5.4.3 Implémentation

Contraintes d'implémentation

Pour être efficace, notre approche doit respecter un certain nombre de contraintes. La principale d'entre elles est de pouvoir limiter en temps réel l'accès à une information personnelle de n'importe quelle application sans que cette dernière ait besoin d'être modifiée. Le pare-feu doit donc être implémenté au sein du système d'exploitation Android (voir Figure 5.3). Il doit impacter au minimum les performances du système et rester transparent vis à vis de l'utilisateur et des applications, même si leur requête est interceptée. Lorsque l'utilisateur lance une application, le système utilise le PackageManager pour vérifier si l'application a bien les droits d'accéder aux données et redirige alors l'application vers les "managers" appropriés (i.e. vers le LocationManager si l'application utilise des outils de géolocalisation). Deux solutions s'offrent alors :

- Il est possible de modifier le PackageManager. Ce PackageManager est appelé à chaque lancement d'une application pour vérifier plusieurs droits d'accès et entre autres, le droit d'accéder aux données du système relatives aux permissions acceptées lors de l'installation. On peut envisager d'ajouter une étape à la vérification des droits d'accès de l'application et d'y implanter notre "manager". Le problème de cette solution est que nous perdons l'aspect temps réel du pare-feu ainsi que la granularité fine permise par les ontologies.

- Il est aussi possible de modifier chaque "manager" qui permet à une application d'accéder aux données du système. Le gros désavantage de cette solution est qu'il faut modifier chaque partie du framework qui permet un accès aux données. Par exemple, pour la géolocalisation, il faut modifier le LocationManager mais pour les contacts, Il faut également modifier le *ContactContentProvider*, pour les calendriers, un autre provider, etc...

Application mobile

Afin de valider certaines des contraintes imposées, notamment en terme de performances, nous avons commencé par implémenter une application mobile, appelée ontologyFW (Fig. 5.12), qui reprend l'architecture proposée. Cette application, a pour but de montrer la faisabilité de raisonner sur une ontologie à partir d'un téléphone Android. Ainsi, l'application simule l'envoi d'une requête au pare-feu qui reprend les couches de l'architecture présentée précédemment. En plus de valider l'approche sur un téléphone Android, cette première application doit permettre de mesurer l'impact de l'architecture sur les performances du système. Les paramètres suivants sont donc surveillés :

- le temps d'exécution des différents composants de l'architecture (gestionnaire de décision, gestionnaires d'individus, raisonneurs,...) ;
- la consommation électrique de l'application.

Le temps d'exécution est particulièrement important car il doit être le plus court possible pour ne pas impacter l'expérience utilisateur. Les résultats des tests de l'application sont présentés et commentés plus en détail dans la section suivante. Néanmoins, ils nous ont conduit à reconsidérer plusieurs détails d'implémentation que nous présentons ci-dessous. La première modification consiste en l'ajout d'un cache des requêtes pour éviter de raisonner à nouveau à chaque requête si une demande similaire a déjà été traitée. Plusieurs solutions ont été envisagées pour réaliser ce cache. La première a été la sérialisation binaire des classes de l'ontologie mais elle n'a pas abouti en raison de limitations dans l'API Jena. La solution retenue a donc été de mettre en place une base de données SQLlite contenant : les requêtes, la réponse du pare-feu et un champs TTL qui va servir de compteur pour le nombre de requêtes sans recalcul.

Une seconde modification importante de l'application a consisté à faire exécuter les calculs des raisonnements à distance en laissant dans l'application uniquement une partie de la couche de décision de l'architecture. Cette modification a pour but de permettre l'utilisation de ce mode de protection pour les smartphones plus anciens disposant de moins de ressources. Ainsi, le gestionnaire de décision applique l'algorithme présenté sur la figure 5.13. Dans le cas d'un raisonnement à distance, un serveur implémente les couches de décision, applicatives et de connaissances. La servlet est développée en JAVA et mise à disposition via un serveur d'application Tomcat. Les requêtes sont envoyées en utilisant la méthode POST depuis l'application sur le smartphone via une connexion HTTPS sécurisée. Le serveur traite alors la requête jusqu'à obtenir la décision qu'il renvoie sous la forme d'un booléen à l'application.

Modifications du système d'exploitation

L'application ontologyFW a permis de valider l'utilisation du framework sur un smartphone Android. Elle a permis d'effectuer plusieurs mesures de performance qui ont conduit à l'élaboration d'une architecture de protection distribuée et à l'utilisation d'un cache local sous la forme d'une base de données. Cependant, l'utilisation d'une application ne permet pas une protection de la vie privée des utilisateurs. Dans cette partie, nous détaillons donc les modifications apportées au système d'exploitation Android pour y parvenir. Comme précisé dans l'état de l'art, la modification du système oblige tous les utilisateurs à installer une nouvelle image du système sur leur téléphone (ROM). La version du système choisie est la version 4 car il est disponible sur les smartphones les plus récents et marque également l'uniformisation du monde des smartphones et des tablettes.

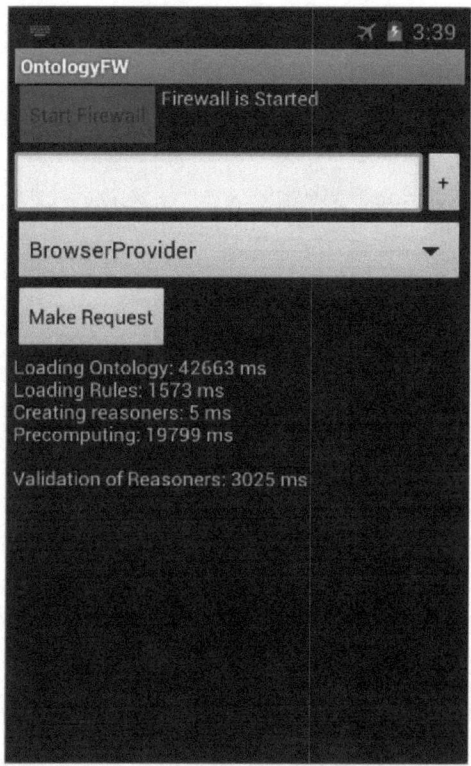

FIGURE 5.12 – Application pare-feu sur Android

Une fois les sources du système obtenues, la construction d'un système Android est principalement paramétrée par un ensemble de Makefiles. Ces derniers permettent non seulement d'ajouter des librairies au framework (nécessaire pour AndroJena) mais également d'ajouter des fichiers au système de fichiers de la ROM du système. Dans notre cas, les modifications ayant principalement lieu dans le framework, nous avons essentiellement manipulé le Makefile : android4/frameworks/base/Android.mk dont un extrait est donné figure 5.15.

La première des modifications apportées est l'ajout d'un service que nous avons appelé Ontology Manager. Ce service système est démarré au lancement du téléphone ce qui permet de cacher le temps de chargement de l'ontologie à l'utilisateur. Ce service implémente le pare-feu et est similaire à l'application *OntologyFW*. Le service utilise deux fichiers id.owl et rules.txt comme couche de connaissances représentant respectivement l'ontologie et les règles de décision. Le service est appelé avec le nom de package de l'application comme paramètre et renvoie une réponse sous la forme d'un booléen. Afin de pouvoir appeler le service quand une application accède une donnée sensible, nous avons choisi de modifier les différents managers qui permettent à l'application d'y accéder. Il y a toutefois un inconvénient à cette technique car tous les

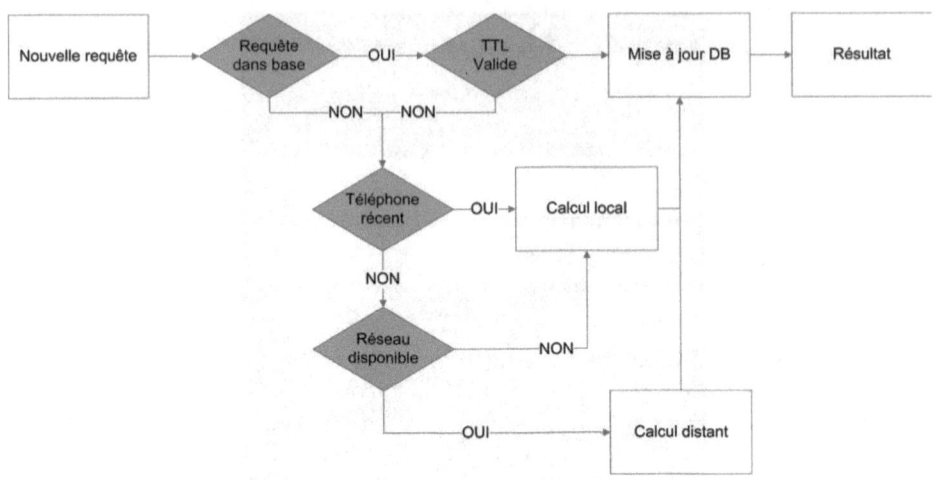

FIGURE 5.13 – Algorithme implémenté par le gestionnaire de décision

managers n'accèdent pas aux données de la même façon. Par exemple, le emphContentProvider accède à une donnée directement à partir d'une URI et la renvoie alors qu'une application doit s'inscrire à un *LocationManager* qui va prévenir l'application en cas de changement de position. Cette spécificité nous a obligé à modifier différemment chaque manager pour inclure l'appel au service *OntologyManager*. Par la suite, nous présentons les modifications réalisées pour intercepter les accès à la position de l'utilisateur.

La classe `LocationManager.java` est modifiée pour appeler l'*OntologyManager* et en particulier la méthode `_handleMessage(Message msg)` qui gère le changement de position. Le listing de la figure 5.16 montre les modifications apportées pour intercepter le changement de position et faire appel au service *OntologyManager*. En fonction de la réponse renvoyée, la position fournie, est soit la position de l'utilisateur, soit une position fictive. Ce dernier mécanisme, repris de l'approche AppFence [148] permet de ne pas perturber les applications tout en préservant la position de l'utilisateur. Des modifications similaires sont appliquées aux autres managers afin d'intercepter les appels des applications et renvoyer une donnée factice en cas de refus. L'architecture modifiée ainsi proposée est visible sur la figure 5.17.

5.5 Résultats et discussion

D ANS la section précédente, un système de protection de la vie privée basé sur des ontologies a été proposé. Ce dernier a été implémenté sur Android, tout d'abord sous la forme d'une application puis directement intégré au système d'exploitation. Dans cette section, nous

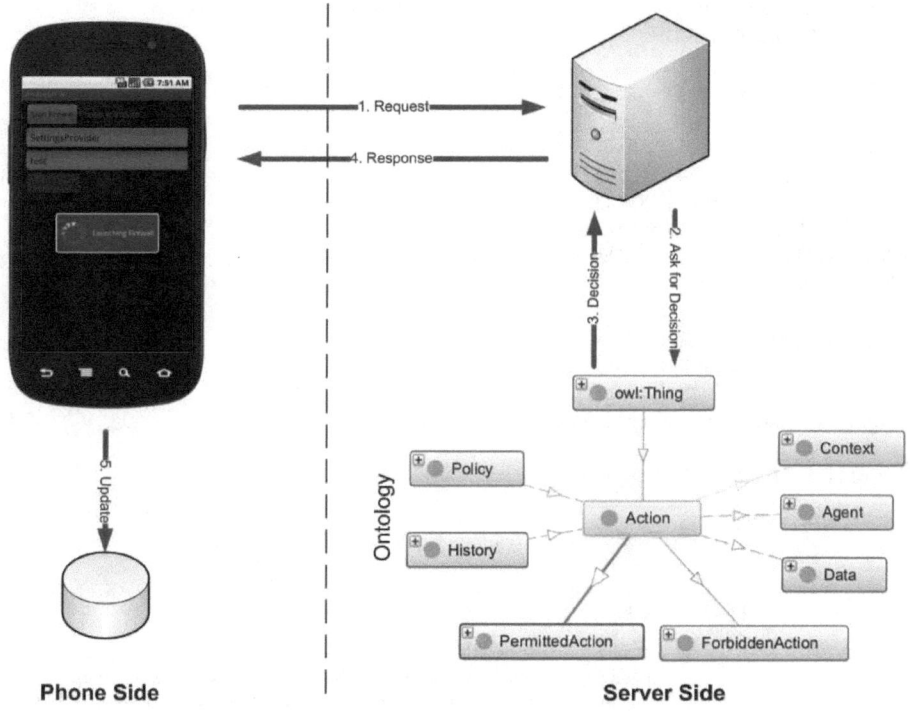

FIGURE 5.14 – Architecture distribuée de protection de la vie privée sur Android

détaillons les expérimentations réalisées ainsi que les résultats obtenus afin de valider notre
l'approche. Nous commençons par présenter les résultats dans l'application mobile qui ont
conduit à l'architecture distribuée puis aux résultats sur la modification du système.

5.5.1 Expérimentations sur l'application mobile

Temps d'exécution

Le premier critère que nous avons cherché à évaluer est la durée de la prise de décision par
notre application. Nous avons évalué le temps d'exécution de chaque composant de l'application et
donc du framework de décision. Nous avons donc mesuré le temps de chargement de l'ontologie, le
temps de chargement des règles, le temps de création des raisonneurs, de création des individus, le
temps de recalcul et enfin, le temps de décision. Ces mesures ont été réalisées sur des smartphones
de deux générations : un Samsung Galaxy (Android 1.6, 528MHz et 192Mo de RAM) et un
Samsung Nexus S (Android 2.3, 1GHz et 512Mo de RAM). Les temps présentés sur le tableau 5.1
ont été calculés en faisant la moyenne des temps d'exécution de l'application pour 100 requêtes.

```
# ====  the library  ==============================
include $(CLEAR_VARS)

LOCAL_SRC_FILES := $(ext_src_files)

LOCAL_NO_STANDARD_LIBRARIES := true
LOCAL_JAVA_LIBRARIES := core
LOCAL_JAVA_RESOURCE_DIRS := $(ext_res_dirs)
LOCAL_MODULE_TAGS := optional
LOCAL_STATIC_JAVA_LIBRARIES := jena slf4j iri icu4j
LOCAL_MODULE := ext

LOCAL_NO_EMMA_INSTRUMENT := true
LOCAL_NO_EMMA_COMPILE := true

LOCAL_DX_FLAGS := --core-library

include $(BUILD_JAVA_LIBRARY)
```

FIGURE 5.15 – Extrait du fichier Android.mk utilisé

```
1  private void _handleMessage(Message msg) {
2          switch (msg.what) {
3              case TYPE_LOCATION_CHANGED:
4                  ITestOntologyService om = ITestOntologyService.Stub.
                        asInterface(ServiceManager.getService("Ontology"));
5                  try {
6                      Log.d(DTAG, "Going to call service ");
7                      Log.d(DTAG, "PackageName : "+namePackage);
8                      if (om.makeRequest(namePackage,GPS_PROVIDER)) {
9                          Log.d(DTAG, "Service called succesfully");
10                     } else {
11                         Log.d(DTAG, "Problem calling Service");
12                     }
13                 }
14                 catch (Exception e) {
15                     Log.d(DTAG, "FAILED to call service");
16                     e.printStackTrace();
17                 }
18                 Location location = new Location((Location) msg.obj);
19                 mListener.onLocationChanged(location);
20                 break;
```

FIGURE 5.16 – Extrait du fichierLocationManager.java

La première constatation est l'importance du temps d'exécution, de l'ordre de 30 secondes sur un smartphone ancien et de 6 secondes sur un mobile plus récent. On constate également que le temps de chargement de l'ontologie compte pour moitié dans le temps d'exécution total, ce qui est encourageant si on considère que le chargement n'a lieu qu'au démarrage du téléphone. Néanmoins, l'importance du temps d'exécution sur le mobile nous a conduit à réfléchir

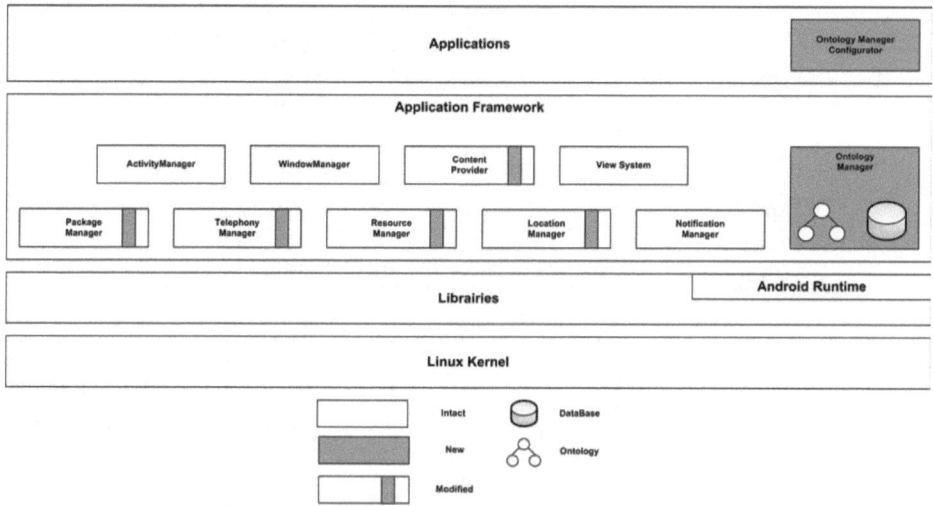

FIGURE 5.17 – Architecture Android modifiée

	Galaxy	Nexus S
Chargement de l'ontologie	14062	3018
Chargement des règles	2488	65
Création des raisonneurs	8	1
Création des individus	8528	1458
Recalcul	7563	1393
Décision	1056	102
Total	33705	6037

TABLE 5.1: Temps (ms) d'exécution de l'application

à l'architecture distribuée proposée ci-dessus dans le but de lisser les résultats obtenus entre les mobiles anciens et récents. Les résultats des temps d'exécution avec la partie distante sont présentés sur le tableau 5.2. On constate un gain conséquent en terme de temps d'exécution, en particulier sur un smartphone d'ancienne génération. La différence entre le temps de connexion en HTTP et HTTPS s'explique par le temps de vérification du certificat.

Consommation de la batterie et impact réseau

En plus du temps d'exécution, nous avons observé deux autres paramètres qui peuvent impacter les performances de l'application. Le premier est la consommation électrique du pare-feu qui doit fonctionner comme un service. Le second découle directement du choix d'une architecture distribuée et concerne la taille des messages échangés et donc la consommation en terme de bande passante de la solution. La consommation électrique s'est révélée peu significative, en

	Galaxy		Nexus S	
	HTTP	HTTPS	HTTP	HTTPS
Temps de connexion	156	2219	46	630
Chargement de l'ontologie	1136	1169	1131	1129
Chargement des règles	70	71	67	76
Création des raisonneurs	23	19	16	16
Création des individus	245	397	299	320
Recalcul	339	263	278	268
Décision	29	4	34	3
Total	1998	4142	1871	2442

TABLE 5.2: Temps (ms) d'exécution de l'application

	Galaxy				Nexus S			
	HTTP		HTTPS		HTTP		HTTPS	
	1–>2	2–>1	1–>2	2–>1	1–>2	2–>1	1–>2	2–>1
Requête	0.454Ko	0.583Ko	1.061Ko	1.934Ko	0.388Ko	0.518 Ko	0.861Ko	1.315Ko

TABLE 5.3: Échanges de données entre le smartphone et le serveur

prenant l'hypothèse d'une requête par seconde pendant une heure d'exécution, la batterie ne s'est déchargée que de 7%. De plus, seuls 4% de ces 7% étaient liés à l'application, soit une décharge d'environs 0.28%. La taille des messages échangés lors du calcul à distance est quant à elle présentée sur le tableau 5.3 ; nous avons séparé les messages envoyés par le smartphone vers le serveur (1–>2) des messages envoyés du serveur vers le smartphone (2–>1).

5.5.2 Discussion

Les expérimentations sur l'application Android ont permis de mesurer l'impact sur les performances de l'utilisation d'ontologies pour protéger la vie privée sur un smartphone. Bien que les résultats soient encourageants sur un smartphone récent, nous avons dû proposer une alternative pour perturber le moins possible l'utilisateur. Nous avons tout d'abord proposé une architecture distribuée qui permet de lisser les temps de réponse entre les smartphones récents et plus anciens et surtout ajouté un cache local. Ce dernier permet de conserver une réponse pour un certain nombre de requêtes et ainsi limiter les communications externes et/ou le recalcul en local. De plus, les temps d'accès en lecture vers la base de données sont de l'ordre de la dizaine de millisecondes et n'impactent plus du tout le ressenti de l'utilisateur.

La solution distribuée pose cependant le problème de l'hébergement de l'ontologie. En effet, bien que le serveur sur lequel est situé l'ontologie ne possède pas les données de l'utilisateur, il reste en mesure de découvrir beaucoup d'informations privées. De même, les règles de protection peuvent être modifiées pour autoriser certains accès à l'insu de l'utilisateur. Il est donc important dans cette solution que ce serveur soit sous le contrôle de l'utilisateur.

L'implémentation du pare-feu au sein du système d'exploitation est en cours, mais nous avons dû faire face à plusieurs écueils. Le premier d'entre eux est une limitation propre à Android dont les bytecodes ne supportent que 65536 méthodes (2^{16}) ; ajouter notre pare-feu dans le coeur du framework Android (`core.dex`) nous faisait dépasser cette limite. Nous avons donc dû inclure notre pare-feu dans le bytecode `external.dex`. Le second problème rencontré lors de l'implémentation du pare-feu a été l'inclusion des librairies annexes nécessaires à l'utilisation de Jena. En effet, la librairie Jena nécessite l'accès à trois autres librairies `slf4j`, `iri` et `icu4j` qui doivent être ajoutées. Or, les versions nécessaires à Jena ne sont pas à jour par rapport à celles déjà disponibles dans le framework Android. Ces problèmes d'intégration n'ont donc pas permis de valider le pare-feu dans son ensemble.

5.6 Conclusion

D ANS ce chapitre, nous avons proposé un pare-feu sémantique permettant l'interception, l'analyse et la décision sur les accès à l'identité de l'utilisateur par les applications d'un smartphone. Nous avons montré que l'utilisation des ontologies permettait de représenter de manière approfondie, non seulement les concepts, de l'identité mais aussi les concepts des politiques de protection. Couplés avec des raisonneurs logiques, les ontologies permettent une prise de décision en fonction de politiques définies par l'utilisateur.

Nous avons proposé notre propre ontologie de l'identité numérique sur smartphone et présenté quelques règles de protection de la vie privée. Nous avons ensuite implémenté ce pare-feu sous la forme d'une application Android qui nous a permis de valider l'approche. Nous avons proposé une intégration de ce pare-feu au sein du système d'exploitation Android pour permettre l'interception des requêtes en temps réel. Enfin plusieurs résultats expérimentaux ont été détaillés et commentés.

Il nous reste à achever l'intégration du pare-feu au sein du système Android. Une fois cette étape réalisée, nous souhaitons valider l'interception et le blocage des accès à la géolocalisation avant de modifier les autres *Managers*. Pour effectuer cette validation, nous proposons de vérifier que notre solution permet bien de détecter les accès faits par un sous ensemble représentatifs d'applications, comprenant notamment plusieurs malwares connus. Une autre perspective à ces travaux est la réalisation d'une application de gestion comportant une interface utilisateur conviviale permettant de représenter simplement les concepts de l'ontologie et permettant à l'utilisateur de créer ses propres règles. Enfin, nous pensons qu'en combinant les avancés dans le domaine de la "privacy after design" et notre approche, nous allons pouvoir proposer un ensemble de règles permettant une configuration par défaut du pare-feu assurant une protection efficace de la vie privée de l'utilisateur.

Conclusions et perspectives

Conclusion

Nous avons étudié dans ce mémoire la gestion d'identités numériques en contexte télécom. Nous avons commencé par définir ce qu'était une identité numérique et nous avons montré qu'elle posait deux problématiques : la sécurité et la protection de la vie privée. Nous avons alors détaillé ces deux concepts et donné plusieurs définitions en rapport avec ces deux problématiques. Nous avons ensuite fait l'état de l'art des solutions de gestion d'identités et proposé trois contributions. Le manuscrit s'articule autour de ces trois contributions qui sont : un outil d'analyse des différents systèmes de gestion d'identités, un système de gestion d'identités et un mécanisme de protection de la vie privée pour mobile.

Contributions

Pour l'analyse des systèmes de gestion d'identités, nous proposons une cartographie des acteurs et des fonctions. Nous réhabilitons dans cette dernière l'opérateur technique comme acteur de la gestion d'identités et détaillons l'ensemble des fonctions du cycle de vie de l'identité numérique. En effet, la cartographie tient en compte les étapes du cycle de vie d'une identité numérique de son enregistrement à sa suppression en passant par son utilisation. La cartographie permet en outre d'aborder le problème de la récursivité de l'identité. Pour chaque fonction, nous énonçons plusieurs propriétés de sécurité et de protection de la vie privée qui permettent l'analyse complète d'un système de gestion d'identités. Nous avons réalisé une telle analyse sur les principaux SGI de l'état de l'art et conclu que ceux qui suivent un modèle centré sur l'utilisateur offraient une meilleure sécurité et une meilleure protection de la vie privée. En particulier, les systèmes faisant appel à un client intelligent permettent une meilleure séparation entre le fournisseur de services et le fournisseur d'identités.

Nous avons donc proposé ensuite un tel système de gestion d'identités sur mobile. Ce dernier est centré sur l'utilisateur et utilise une application de sélection de l'identité couplé à un fournisseur d'identités mandataire situé dans un élément sécurisé telle que la carte SIM. Ce fournisseur mandataire constitue le point d'entrée de toutes les requêtes faites à l'identité et permet notamment la dérivation de certaines revendications d'identité. L'utilisation d'un élément sécurisé pour réaliser ces actions et stocker certaines revendications permet de placer l'opérateur technique comme entité de confiance dans la gestion d'identités. Nous avons proposé une implémentation possible pour chacun des éléments du SGI. Le fournisseur de services est implémenté à l'aide d'un service Web publiant sa politique suivant la spécification WS-SecurityPolicy. L'application de sélection mobile est développée pour Android, elle permet l'analyse de la politique du SP, l'affichage des identités correspondantes ainsi que la sélection de ces dernières. Elle interagit avec une application Javacard constituant le fournisseur d'identités mandataire.

La dernière proposition de cette thèse est l'utilisation d'un pare-feu sémantique protégeant les données personnelles de l'utilisateur sur un mobile. Nous avons présenté les standards du Web sémantique et montré leur intérêt dans la représentation des concepts de l'identité numérique. Nous avons également montré qu'ils permettaient la représentation de politiques de protection ainsi que des raisonnements sur ces dernières. Enfin nous avons détaillé une modification possible du système d'exploitation Android pour inclure ce pare-feu sémantique et ainsi protéger la vie privée de l'utilisateur.

Perspectives

Notre méthode d'analyse des systèmes de gestion d'identités repose sur un outil : la cartographie des acteurs et des fonctions. Cette dernière peut être améliorée et doit être maintenue pour refléter toutes les fonctions qui peuvent être proposées pour aider la gestion d'identités. Une amélioration possible pour affiner l'analyse des systèmes de gestion d'identités serait d'utiliser les données d'experts pour pondérer les scores obtenus. Cette pondération permettrait de pénaliser les systèmes de gestion d'identités n'implémentant pas certaines fonctions.

Nous avons également présenté un système de gestion d'identités reposant sur l'alliance d'un sélecteur d'identités mobile et d'un fournisseur d'identités mandataire. Plusieurs améliorations de ce système restent à étudier. En particulier, l'utilisation d'une zone d'exécution de confiance, prise comme hypothèse, constitue une perspective intéressante pour ces travaux. De même, nous avons mentionné en discussion l'utilisation de signatures de groupes pour assurer l'inassociabilité complète de l'identité numérique et la possibilité d'utiliser une authentification biométrique. Ces deux chantiers sont les plus importants pour poursuivre les travaux entrepris lors de cette thèse. Nous avons également vu, que l'adoption d'un système de gestion d'identités par les utilisateurs dépend fortement des fournisseurs de services. Ainsi, des solutions comme Cardspace ou Shibboleth n'ont pas été en mesure de toucher le grand public, au contraire de solutions comme OpenId ou Oauth utilisés sur les principaux réseaux sociaux. C'est donc en premier lieu au fournisseur de services et principalement l'opérateur de télécommunications, de promouvoir les approches préconisées dans cette thèse afin de confirmer sa position d'acteur de confiance.

Par ailleurs, nous avons proposé un pare-feu sémantique permettant d'intercepter les demandes d'accès aux informations personnelles. Comme évoqué dans la conclusion du chapitre 5, la modification complète d'un système d'exploitation comme Android constitue la principale perspective à cette contribution. Nous pensons que le problème d'atteinte à la vie privée va rapidement devenir prioritaire pour l'utilisateur et en proposant notre pare-feu à ses abonnés, l'opérateur se place là encore comme un acteur de confiance.

Enfin, nous sommes convaincus que le système de gestion d'identités et le pare-feu sémantique proposés dans cette thèse sont complémentaires. L'intégration de ces deux contributions au sein d'un seul système permettra non seulement à l'utilisateur de gérer ses identités numériques mais également de les protéger, constituant ainsi une grande avancée pour la gestion d'identités numériques. L'objectif de cette thèse était de poser les bases de technologies dites "privacy by design" dans la gestion d'identités numériques qui est un enjeu majeur actuel et très préoccupant pour les prochaines années.

Publications de l'auteur

Conférences internationales avec comité de lecture et avec actes

1. Kent Are Varmedal, Henning Klevjer, Joakim Hovlandsvåg, Audun Jøsang et **Johann Vincent**, The OffPAD : Requirements and Usage. In the 7th International Conference on Network and System Security (NSS 2013), 2013.

2. **Johann Vincent**, Vincent Alimi, Aude Plateaux, Chrystel Gaber, Marc Pasquet. A Mobile Payment Evaluation Based on a Digital Identity Representation. In CTS 2012, 2012.

3. **Johann Vincent**, Christine Porquet, Maroua Borsali, Harold Leboulanger. Privacy Protection for Smartphones : An Ontology-Based Firewall. In Workshop in Information Security Theory and Pratice 2011, 2011.

4. **Johann Vincent**, Christine Porquet, Idriss Oulmakhzoune. Ontology-based privacy protection for smartphone : A firewall implementation. In International Conference on Secure Networking and Applications (ICSNA), 2011.

5. **Johann Vincent**, Marc Pasquet, Wipa Chaisantikulwat. Security and privacy analysis of a physical access control solution. In IEEE International Conference on Information Theory and Information Security (ICITIS), 2011.

6. Jean-Claude Paillès, **Johann Vincent**. A privacy-enhanced m-transactions architecture for awareness & trust. In European Context Awareness & Trust (CAT) 4th Workshop on Combining Context with Trust, Security, and Privacy, 2010.

7. **Johann Vincent**, Jean-Philippe Wary, Marc Pasquet. Cartography of actors and roles in identity management solutions. In Future Internet Symposium 2010, 2010.

Conférences nationales avec comité de lecture et avec actes

1. **Johann Vincent**, Kurosh Teimoorzadeh, Christophe Rosenberger, Marc Pasquet. Analyse de la sécurité et de la protection de la vie privée des systèmes de gestion d'identités. In 7ième

conférence sur la sécurité des architectures réseaux et systèmes d'information (SAR-SSI 2012), 2012.

Rapports de recherche

1. **Johann Vincent**. GREYC Technical report 1. LUCIDMAN, 2012

Soumissions

Johann Vincent, Kourosh Teimoorzadeh. Système de gestion d'identités numériques. Demande de brevet en France N° 11 59511.

Johann Vincent, Vincent Alimi et Christine Porquet. Ontology-based architecture for automated decision-making in mobiquitous applications. In International Journal of Metadata, Semantics and Ontologies (IJMSO).

Bibliographie

[1] M. Bauer, M. Meints, and M. Hansen. FIDIS Deliverable D3. 1–Structured Overview on Prototypes and Concepts of Identity Management Systems. *Frankfurt aM*, 2005. [cité p. 7, 49]

[2] R. Clarke. Identification and authentication fundamentals. *Xamax Consultancy Pty Ltd, May*, 2004. [cité p. 8]

[3] Future of identity in the information society - http ://www.fidis.net/. [cité p. 8, 9]

[4] K. Cameron, R. Posch, and K. Rannenberg. Proposal for a common identity framework : A user-centric identity metasystem. *Identity in the information society : challenges and opportunities. Dordrecht : Springer*, pages 477–500, 2009. [cité p. 8, 11, 28, 29, 167]

[5] R. Clarke. Human identification in information systems : Management challenges and public policy issues. *Information Technology & People*, 7(4) :6–37, 1994. [cité p. 8]

[6] S. Brands. A primer on user identification. In *The 15th Annual Conference on Computers, Freedom and Privacy, Keeping an Eye on the Panopticon : Workshop on Vanishing Anonymity, Seattle*, 2005. [cité p. 8]

[7] A. Pfitzmann and M. Hansen. Anonymity, unlinkability, unobservability, pseudonymity, and identity management-a consolidated proposal for terminology, 2005. [cité p. 8, 16, 17, 18, 50, 51]

[8] O. Iteanu. *L'identité numérique en question*. Eyrolles, 2008. [cité p. 9]

[9] W.E. Burr, D.F. Dodson, E.M. Newton, R.A. Perlner, W.T. Polk, S. Gupta, and E.A. Nabbus. Sp 800-63-1. electronic authentication guideline. 2011. [cité p. 9]

[10] K. Cameron. The laws of identity - http ://www.identityblog.com/ ?p=354. [cité p. 10, 18]

[11] D. Artz and Y. Gil. A survey of trust in computer science and the semantic web. *Web Semantics : Science, Services and Agents on the World Wide Web*, 5(2) :58–71, 2007. [cité p. 11]

[12] A. Jøsang, R. Ismail, and C. Boyd. A survey of trust and reputation systems for online service provision. *Decision Support Systems*, 43(2) :618–644, 2007. [cité p. 11, 12]

[13] L. Mui, M. Mohtashemi, and A. Halberstadt. A computational model of trust and reputation. In *System Sciences, 2002. HICSS. Proceedings of the 35th Annual Hawaii International Conference on*, pages 2431–2439. IEEE, 2002. [cité p. 11, 12]

[14] T. Grandison and M. Sloman. A survey of trust in internet applications. *Communications Surveys & Tutorials, IEEE*, 3(4) :2–16, 2009. [cité p. 11]

145

[15] D. Olmedilla, O. Rana, B. Matthews, and W. Nejdl. Security and trust issues in semantic grids. In *Proceedings of the Dagsthul Seminar, Semantic Grid : The Convergence of Technologies*, volume 5271, page 10. Citeseer, 2005. [cité p. 12]

[16] D.H. McKnight and N.L. Chervany. The meanings of trust. 1996. [cité p. 12]

[17] D. Gefen. Reflections on the dimensions of trust and trustworthiness among online consumers. *ACM SIGMIS Database*, 33(3) :38–53, 2002. [cité p. 12]

[18] S.P. Marsh, University of Stirling. Dept. of Computing Science, and Mathematics. *Formalising trust as a computational concept*. Citeseer, 1994. [cité p. 12]

[19] V. Buskens. The social structure of trust. *Social Networks*, 20(3) :265–289, 1998. [cité p. 13]

[20] S. Brainov and T. Sandholm. Contracting with uncertain level of trust. In *Proceedings of the 1st ACM conference on Electronic commerce*, pages 15–21. ACM, 1999. [cité p. 13]

[21] M. Winslett, T. Yu, K.E. Seamons, A. Hess, J. Jacobson, R. Jarvis, B. Smith, and L. Yu. Negotiating trust in the Web. *Internet Computing, IEEE*, 6(6) :30–37, 2002. [cité p. 13]

[22] W. Nejdl, D. Olmedilla, and M. Winslett. Peertrust : Automated trust negotiation for peers on the semantic web. *Secure Data Management*, pages 159–182, 2004. [cité p. 13]

[23] P. Bonatti and D. Olmedilla. Driving and monitoring provisional trust negotiation with metapolicies. In *Policies for Distributed Systems and Networks, 2005. Sixth IEEE International Workshop on*, pages 14–23. IEEE, 2005. [cité p. 13]

[24] N. Li, W.H. Winsborough, and J.C. Mitchell. Distributed credential chain discovery in trust management. *Journal of Computer Security*, 11(1) :35–86, 2003. [cité p. 13]

[25] G. Tonti, J. Bradshaw, R. Jeffers, R. Montanari, N. Suri, and A. Uszok. Semantic web languages for policy representation and reasoning : A comparison of kaos, rei, and ponder. *The SemanticWeb-ISWC 2003*, pages 419–437, 2003. [cité p. 13]

[26] L. Kagal, T. Finin, and A. Joshi. A policy based approach to security for the semantic web. *The SemanticWeb-ISWC 2003*, pages 402–418, 2003. [cité p. 13]

[27] A. Uszok, J.M. Bradshaw, M. Johnson, R. Jeffers, A. Tate, J. Dalton, and S. Aitken. Kaos policy management for semantic web services. *IEEE Intelligent Systems*, pages 32–41, 2004. [cité p. 13, 117]

[28] L.M. LoPucki. Human identification theory and the identity theft problem. *Texas Law Review*, 80 :89–134, 2001. [cité p. 14]

[29] J.W. Moore. Identity Theft Issues for Financial Services Firms. *International Review of Business Research Papers*, 6(1) :135–144, 2010. [cité p. 14]

[30] W.E. Burr, D.F. Dodson, and W.T. Polk. Electronic authentication guideline. *NIST Special Publication*, 800 :63, 2004. [cité p. 14]

[31] H. Krawczyk, M. Bellare, and R. Canetti. RFC 2104 : HMAC : Keyed-hashing for message authentication, February 1997. *Status : INFORMATIONAL*. [cité p. 14, 30]

[32] Whitfield Diffie and Martin E. Hellman. New Directions in Cryptography. *IEEE Transactions on Information Theory*, IT-22(6) :644–654, 1976. [cité p. 15, 31]

[33] J. Daemen and V. Rijmen. *The design of Rijndael : AES–the advanced encryption standard.* Springer Verlag, 2002. [cité p. 15]

[34] RS Sandhu and P. Samarati. Access control : principle and practice. *Communications Magazine, IEEE*, 32(9) :40–48, 2002. [cité p. 15]

[35] A.F. Westin. *Privacy and freedom*, volume 97. London, 1967. [cité p. 16]

[36] Le parlement Européen et le conseil de l'union Européenne. Directive 95/46/ce du parlement européen et du conseil du 14 octobre 1995 relative à la protection des personnes physiques à l'égard du traitement des données à caractère personnel et à la libre circulation de ces données. *Journal officiel des communautés européennes*, 1995. [cité p. 16, 18]

[37] D.J. Solove. A taxonomy of privacy. *University of Pennsylvania Law Review*, 154(3) :477, 2006. [cité p. 16]

[38] D.J. Solove. Understanding privacy. [cité p. 16]

[39] M. Deng. *Privacy Preserving Content Protection*. PhD thesis, Katholieke Universiteit Leuven, 2010. [cité p. 16, 18, 51, 56]

[40] L. Sweeney. k-ANONYMITY : A MODEL FOR PROTECTING PRIVACY1. *World*, 10(5) :557–570, 2002. [cité p. 17]

[41] V. Ciriani, S.D.C. di Vimercati, S. Foresti, and P. Samarati. k-Anonymity. *Secure Data Management in Decentralized Systems. Springer-Verlag*, 2007. [cité p. 17]

[42] C.E. Shannon. A mathematical theory of communication. *Bell system technical journal*, 27, 1948. [cité p. 17]

[43] M. Roe. Cryptography and evidence. *Doct. Dissert., Univ of Cambridge, UK*, 1997. [cité p. 17]

[44] J. Reagle and L.F. Cranor. The platform for privacy preferences. *Communications of the ACM*, 42(2) :48–55, 1999. [cité p. 18, 37]

[45] R. Wright, L. Camp, I. Goldberg, R. Rivest, and G. Wood. Privacy tradeoffs : myth or reality ? In *Financial Cryptography*, pages 147–151. Springer, 2003. [cité p. 19]

[46] A. Jøsang and S. Pope. User centric identity management. In *AusCERT Asia Pacific Information Technology Security Conference*, 2005. [cité p. 22]

[47] D. Chadwick. *Understanding X. 500 : the directory.* Chapman & Hall, Ltd. London, UK, UK, 1994. [cité p. 23]

[48] The apache directory project. [cité p. 24]

[49] Openldap. [cité p. 24]

[50] J.F. Apréa. Windows server 2008 et 2008 r2 : Architecture et gestion des services du domaine active directory (ad ds)(2 éd.). 2011. [cité p. 24]

[51] R. Harrison. Lightweight directory access protocol (LDAP) : Authentication methods and security mechanisms. Technical report, RFC 4513, June 2006. [cité p. 24]

[52] T. Dierks and E. Rescorla. The transport layer security (tls) protocol version 1.2, 2008. [cité p. 24]

[53] A. Stefan. Brands, Rethinking Public Key Infrastructures and Digital Certificates : Building in Privacy. 2000. [cité p. 24, 28, 75]

[54] A. Abed and S. Canard. One Time Anonymous Certificate : X. 509 Supporting Anonymity. Cryptology and Network Security, pages 334–353, 2010. [cité p. 24]

[55] J. Camenisch and B. Pfitzmann. Federated identity management. Security, Privacy, and Trust in Modern Data Management, pages 213–238, 2007. [cité p. 25]

[56] L. Alliance. Liberty alliance project. Web page at http ://www. projectliberty. org. [cité p. 26, 33, 52]

[57] J. Hughes and E. Maler. Security Assertion Markup Language (SAML) V2. 0 Technical Overview. OASIS SSTC Working Draft sstc-saml-tech-overview-2.0-draft-08, 2005. [cité p. 27, 34, 35, 36, 37, 38, 39, 167]

[58] T. Scavo and S. Cantor. Shibboleth architecture. Internet2, Technical Overview June, 2005. [cité p. 27, 68]

[59] J. Camenisch et al. Privacy and identity management for everyone. In Proceedings of the 2005 workshop on Digital identity management, page 27. ACM, 2005. [cité p. 28]

[60] J. Camenisch and E. Van Herreweghen. Design and implementation of the idemix anonymous credential system. In Proceedings of the 9th ACM Conference on Computer and Communications Security, page 30. ACM, 2002. [cité p. 28]

[61] K. Cameron. The laws of identity. Microsoft Corp. [cité p. 28]

[62] V. Bertocci, G. Serack, and C. Baker. Understanding windows cardspace : an introduction to the concepts and challenges of digital identities. 2007. [cité p. 29]

[63] D. Recordon and D. Reed. Openid 2.0 : a platform for user-centric identity management. page 16, 2006. [cité p. 30]

[64] R. Fielding, J. Gettys, J. Mogul, H. Frystyk, L. Masinter, P. Leach, and T. Berners-Lee. Hypertext transfer protocol–HTTP/1.1, 1999. [cité p. 30, 32]

[65] E. Rescorla. Http over tls, 2000. [cité p. 30, 32]

[66] D. Reed and D. McAlpin. Extensible resource identifier (xri) syntax v2. 0. [cité p. 30]

[67] D. Eastlake and P. Jones. US secure hash algorithm 1 (SHA1), 2001. [cité p. 31, 32]

[68] N.F. Pub. 180-2. Secure Hash Standard, National Institute of Standards and Technology, US Department of Commerce, DRAFT, 2004. [cité p. 31]

[69] E. Hammer-Lahav and D. Recordon. The oauth 1.0 protocol. Internet Engineering Task Force (IETF) RFC5849, pages 2070–1721, 2010. [cité p. 32]

[70] J. Jonsson et al. Public-Key Cryptography Standards (PKCS)# 1 : RSA Cryptography Specification Version 2.1. 2003. [cité p. 32]

[71] S. Cantor, J. Kemp, et al. Liberty ID-FF Protocols and Schema Specification. *Version*, 183 :1–2. [cité p. 33]

[72] T. Bray, J. Paoli, C.M. Sperberg-McQueen, E. Maler, and F. Yergeau. Extensible markup language (XML) 1.0. *W3C recommendation*, 6, 2000. [cité p. 33]

[73] M. Bartel, J. Boyer, B. Fox, B. LaMacchia, and E. Simon. XML-signature syntax and processing. *W3C recommendation*, 12 :2002, 2002. [cité p. 33, 38]

[74] A. Nadalin, C. Kaler, R. Monzillo, and P. Hallam-Baker. Web services security : Soap message security 1.1 (ws-security 2004). *OASIS Standard Specification*, 1, 2006. [cité p. 37, 38]

[75] K. Lawrence, C. Kaler, A. Nadalin, M. Goodner, M. Gudgin, A. Barbir, and H. Granqvist. Ws-securitypolicy 1.3. *OASIS Standard, February*, 2009. [cité p. 37, 40, 93]

[76] A. Nadalin, M. Goodner, M. Gudgin, A. Barbir, and H. Granqvist. Oasis ws-trust 1.4. *Specification Version*, 1. [cité p. 37, 41, 167]

[77] P. Hallam-Baker, C. Kaler, R. Monzillo, and A. Nadalin. Web services security x. 509 certificate token profile. *OASIS specification*, 200401, 2004. [cité p. 38]

[78] A. Nadalin, C. Kaler, R. Monzillo, and P. Hallam-Baker. Web services security kerberos token profile 1.1. *OASIS Standard*, 2006. [cité p. 38]

[79] R. Monzillo, C. Kaler, A. Nadalin, and P. Hallam-Baker. Web services security : Saml token profile 1.1. *OASIS Standard*, 2006. [cité p. 38]

[80] A. Nadalin et al. Oasis web security username token profile 1.1. 2006. *OASIS Standard Specification*. [cité p. 38]

[81] D. Eastlake, J. Reagle, T. Imamura, B. Dillaway, and E. Simon. Xml encryption syntax and processing. *World Wide Web Consortium Recommendation REC-xmlenc-core-20021210, December*, 2002. [cité p. 39]

[82] M. Jensen, N. Gruschka, and R. Herkenh
"oner. A survey of attacks on web services. *Computer Science-Research and Development*, 24(4) :185–197, 2009. [cité p. 40]

[83] S. Bajaj, D. Box, D. Chappell, F. Curbera, G. Daniels, P. Hallam-Baker, M. Hondo, C. Kaler, D. Langworthy, A. Malhotra, et al. Web services policy framework (ws-policy). *Version*, 1(2) :2003–2006, 2006. [cité p. 40]

[84] K. Bhargavan, C. Fournet, A.D. Gordon, and G. O'Shea. An advisor for web services security policies. In *Proceedings of the 2005 workshop on Secure web services*, pages 1–9. ACM, 2005. [cité p. 40]

[85] L. Cranor, M. Langheinrich, M. Marchiori, M. Presler-Marshall, and J. Reagle. The platform for privacy preferences 1.0 (p3p1. 0) specification. *W3C recommendation*, 16, 2002. [cité p. 41, 117]

[86] K. Coyle. P3p : Pretty poor privacy ? a social analysis of the platform for privacy preferences (p3p). *at http ://www. lcoyle. net/p3p. html*, 1999. [cité p. 42]

[87] R. Thibadeau. A critique of p3p : Privacy on the web. *Retrieved from http ://dollar. ecom. cmu. edu/P3P critique*, 2003. [cité p. 42]

[88] R. Clarke. Platform for privacy preferences : A critique. *Privacy Law & Policy Reporter*, 5(3) :46–48, 1998. [cité p. 42]

[89] Le parlement Européen et le conseil de l'union Européenne. Directive 2002/19/ce du parlement européen et du conseil du 14 octobre 1995 relative à l'accès aux réseaux de communications électroniques et aux ressources associées, ainsi qu'à leur interconnexion (directive «accès»). *Journal officiel des communautés européennes*, 2002. [cité p. 42]

[90] W.D. Sawyer, P.M. O'shaughnessey, and C.P. Gilby. System and method for authentication of caller identification, November 27 2001. US Patent 6,324,271. [cité p. 43]

[91] W. Simpson. The point-to-point protocol (ppp). 1993. [cité p. 44]

[92] B. Lloyd and W. Simpson. Ppp authentication protocols. 1992. [cité p. 44]

[93] W.A. Simpson. Ppp challenge handshake authentication protocol (chap). 1996. [cité p. 44]

[94] L.J. Blunk. Ppp extensible authentication protocol (eap). 1998. [cité p. 44]

[95] C. Rigney, S. Willens, A. Rubens, and W. Simpson. Rfc 2865, remote authentication dial in user service (radius). *Internet Engineering Task Force*, 2000. [cité p. 44]

[96] C. Rigney et al. Rfc 2866 : Radius accounting, 2000. [cité p. 44]

[97] P. Calhoun, J. Loughney, E. Guttman, G. Zorn, and J. Arkko. Rfc 3588 diameter base protocol. *Network Working Group*, 2003. [cité p. 44]

[98] TS ETSI. 102 221 :" uicc-terminal interface : Physical and logical characteristics". *ETSI Standard*, 2010. [cité p. 44]

[99] J.R. Rao, P. Rohatgi, H. Scherzer, and S. Tinguely. Partitioning attacks : or how to rapidly clone some gsm cards. In *Security and Privacy, 2002. Proceedings. 2002 IEEE Symposium on*, pages 31–41. IEEE, 2002. [cité p. 44]

[100] K. Nohl and C. Paget. Gsm srsly. 2009. [cité p. 44]

[101] O. Dunkelman, N. Keller, and A. Shamir. A practical-time attack on the a5/3 cryptosystem used in third generation gsm telephony. In *Proceedings of the 30th Annual Cryptology Conference (CRYPTO 2010)*, 2010. [cité p. 44]

[102] M. Zhang and Y. Fang. Security analysis and enhancements of 3gpp authentication and key agreement protocol. *Wireless Communications, IEEE Transactions on*, 4(2) :734–742, 2005. [cité p. 44, 45]

[103] G.M. Koien. An introduction to access security in umts. *Wireless Communications, IEEE*, 11(1) :8–18, 2004. [cité p. 44]

[104] K. Boman, G. Horn, P. Howard, and V. Niemi. Umts security. *Electronics & Communication Engineering Journal*, 14(5) :191–204, 2002. [cité p. 44]

[105] C.M. Huang and J.W. Li. Authentication and key agreement protocol for umts with low bandwidth consumption. 2005. [cité p. 45]

[106] C. Chen, C. Mitchell, and S. Tang. Ssl/tls session-aware user authentication using a gaa bootstrapped key. *Information Security Theory and Practice. Security and Privacy of Mobile Devices in Wireless Communication*, pages 54–68, 2011. [cité p. 45]

[107] L. Chung. Dealing with security requirements during the development of information systems. In *Advanced Information Systems Engineering*, pages 234–251. Springer, 1993. [cité p. 50]

[108] J. Mylopoulos, L. Chung, and B. Nixon. Representing and using nonfunctional requirements : A process-oriented approach. *IEEE Transactions on Software Engineering*, pages 483–497, 1992. [cité p. 50]

[109] A. van Lamsweerde. Goal-oriented requirements enginering : a roundtrip from research to practice [enginering read engineering]. In *Requirements Engineering Conference, 2004. Proceedings. 12th IEEE International*, pages 4–7. IEEE, 2004. [cité p. 50]

[110] A. Dardenne, A. Lamsweerde, and S. Fickas. Goal-directed requirements acquisition. *Science of computer programming*, 20(1-2) :3–50, 1993. [cité p. 51]

[111] C. Kalloniatis, E. Kavakli, and S. Gritzalis. Addressing privacy requirements in system design : the pris method. *Requirements Engineering*, 13(3) :241–255, 2008. [cité p. 51]

[112] A. Van Lamsweerde, S. Brohez, R. De Landtsheer, and D. Janssens. From system goals to intruder anti-goals : attack generation and resolution for security requirements engineering. *Requirements Engineering for High Assurance Systems (RHAS'03)*, page 49, 2003. [cité p. 51]

[113] Y. Shoham. Agent-oriented programming. *Artificial intelligence*, 60(1) :51–92, 1993. [cité p. 51]

[114] L. Liu, E. Yu, and J. Mylopoulos. Security and privacy requirements analysis within a social setting. In *Proceedings of the 11th IEEE international Conference on Requirements Engineering*, page 151. Citeseer, 2003. [cité p. 51]

[115] J. Castro, M. Kolp, and J. Mylopoulos. Towards requirements-driven information systems engineering : the tropos project. *Information systems*, 27(6) :365–389, 2002. [cité p. 51]

[116] E. Yourdon and L.L. Constantine. *Structured design*. Yourdon, Inc., 1976. [cité p. 51]

[117] J. Vincent, J-P. Wary, and M. Pasquet. Cartography of actors and roles in identity management solutions. 2010. [cité p. 51]

[118] J. Vincent and W. Pasquet, M.and Chaisantikulwat. Security and privacy analysis of a physical access control solution. 2011. [cité p. 51]

[119] M.B. Jones. A guide to using the identity selector interoperability profile v1. 5 within web applications and browsers. *Microsoft Corporation*, 2008. [cité p. 70]

[120] Stefan Brands and Christian Paquin. U-prove cryptographic specification v1. 0. Technical report, 0. Tech. rep., Microsoft Corporation (March 2010), 2010. [cité p. 75]

[121] Don Box, Erik Christensen, Francisco Curbera, Donald Ferguson, Jeffrey Frey, Marc Hadley, Chris Kaler, David Langworthy, Frank Leymann, Brad Lovering, et al. Web services addressing (ws-addressing), 2004. [cité p. 88]

[122] A. Vasudevan, E. Owusu, Z. Zhou, J. Newsome, and J. McCune. Trustworthy execution on mobile devices : What security properties can my mobile platform give me ? *Trust and Trustworthy Computing*, pages 159–178, 2012. [cité p. 91]

[123] T. Alves and D. Felton. Trustzone : Integrated hardware and software security. *ARM white paper*, 2004. [cité p. 91]

[124] Global Platform Device Technology. Tee client api specification version 1.0. Technical report, 2010. [cité p. 91]

[125] O.M. Kolkman. Dnssec operational practices. 2006. [cité p. 92]

[126] E. Christensen, F. Curbera, G. Meredith, S. Weerawarana, et al. Web services description language (wsdl) 1.1, 2001. [cité p. 101]

[127] CXF Apache. An open source service framework. *See : http ://cxf. apache. org*, 2009. [cité p. 102]

[128] D. Chaum and E. Van Heyst. Group signatures. In *Advances in Cryptology EUROCRYPT91*, pages 257–265. Springer, 1991. [cité p. 105]

[129] L. Chen and T. Pedersen. New group signature schemes. In *Advances in Cryptology EURO-CRYPT94*, pages 171–181. Springer, 1995. [cité p. 105]

[130] J. Camenisch. Efficient and generalized group signatures. In *Advances in cryptology EURO-CRYPT97*, pages 465–479. Springer, 1997. [cité p. 105]

[131] J. Camenisch and M. Stadler. Efficient group signature schemes for large groups. *Advances in Cryptology CRYPTO97*, pages 410–424, 1997. [cité p. 106]

[132] G. Ateniese, J. Camenisch, M. Joye, and G. Tsudik. A practical and provably secure coalition-resistant group signature scheme. In *Advances in Cryptology CRYPTO2000*, pages 255–270. Springer, 2000. [cité p. 106]

[133] J. Camenisch and J. Groth. Group signatures : Better efficiency and new theoretical aspects. *Security in Communication Networks*, pages 120–133, 2005. [cité p. 106]

[134] Lookout. The app genome project. *Available via the World Wide Web at http ://blog.mylookout.com/2010/07/introducing-the-app-genome-project/*, July 2010. [cité p. 110]

[135] A. Efrati, S. Thurm, and D. Searcey. Mobile-app makers face u.s. privacy investigation. [cité p. 110]

[136] N. Seriot. iphone privacy. *Black Hat DC*, page 30, 2010. [cité p. 111]

[137] D. Curtis. Stealing your address book, february 2012. [cité p. 111]

[138] R. Rogers, J. Lombardo, Z. Mednieks, and B. Meike. *Android application development : Programming with the Google SDK*. O'Reilly Media, Inc., 2009. [cité p. 111]

[139] W. Enck, P. Gilbert, B.G. Chun, L.P. Cox, J. Jung, P. McDaniel, and A.N. Sheth. Taintdroid : an information-flow tracking system for realtime privacy monitoring on smartphones. In *Proceedings of the 9th USENIX conference on Operating systems design and implementation*, pages 1–6. USENIX Association, 2010. [cité p. 112, 115]

[140] C. Miller. Mobile attacks and defense. *Security & Privacy, IEEE*, 9(4) :68–70, 2011. [cité p. 112]

[141] C. Orthacker, P. Teufl, S. Kraxberger, G. Lackner, M. Gissing, A. Marsalek, J. Leibetseder, and O. Prevenhueber. Android security permissions–can we trust them ? *Security and Privacy in Mobile Information and Communication Systems*, pages 40–51, 2012. [cité p. 112]

[142] Gartner. Gartner says worldwide smartphone sales soared in fourth quarter of 2011 with 47 percent growth. *http ://www.gartner.com/it/page.jsp ?id=1924314.* [cité p. 113]

[143] Android Open Source Project. Android architecture. *http ://developer.android.com/guide/basics/what-is-android.html.* [cité p. 113, 168]

[144] L. Batyuk, M. Herpich, S.A. Camtepe, K. Raddatz, A.D. Schmidt, and S. Albayrak. Using static analysis for automatic assessment and mitigation of unwanted and malicious activities within android applications. In *Malicious and Unwanted Software (MALWARE), 2011 6th International Conference on*, pages 66–72. IEEE, 2011. [cité p. 114]

[145] P. Berthomé, T. Fécherolle, N. Guilloteau, and J-F. Lalande. Repackaging android applications for auditing access to private data. *The First International Workshop on Security of Mobile Applications*, 2012. [cité p. 114]

[146] Privacy blocker. [cité p. 114]

[147] Y. Zhou, X. Zhang, X. Jiang, and V. Freeh. Taming information-stealing smartphone applications (on android). *Trust and Trustworthy Computing*, pages 93–107, 2011. [cité p. 114, 116, 168]

[148] P. Hornyack, S. Han, J. Jung, S. Schechter, and D. Wetherall. These aren't the droids you're looking for : retrofitting android to protect data from imperious applications. In *Proceedings of the 18th ACM conference on Computer and communications security*, pages 639–652. ACM, 2011. [cité p. 115, 132]

[149] Tim Moses et al. Extensible access control markup language (xacml) version 2.0. *Oasis Standard*, 200502, 2005. [cité p. 117]

[150] H Schulzrinne, H Tschofenig, J Morris, J Cuellar, J Polk, and J Rosenberg. Common policy : A document format for expressing privacy preferences. *draft-ietf-geopriv-common-policy-11 (work in progress)*, 2006. [cité p. 117]

[151] Kevin Twidle, Emil Lupu, Naranker Dulay, and Morris Sloman. Ponder2-a policy environment for autonomous pervasive systems. In *Policies for Distributed Systems and Networks, 2008. POLICY 2008. IEEE Workshop on*, pages 245–246. IEEE, 2008. [cité p. 117]

[152] Ankesh Khandelwal, Jie Bao, Lalana Kagal, Ian Jacobi, Li Ding, and James Hendler. Analyzing the air language : a semantic web (production) rule language. *Web Reasoning and Rule Systems*, pages 58–72, 2010. [cité p. 117]

[153] L. Kagal, T. Finin, M. Paolucci, N. Srinivasan, K. Sycara, and G. Denker. Authorization and privacy for semantic web services. *Intelligent Systems, IEEE*, 19(4) :50–56, 2004. [cité p. 117, 122]

[154] Juri Luca De Coi, Daniel Olmedilla, Piero A Bonatti, and Luigi Sauro. Protune : A framework for semantic web policies. In *International Semantic Web Conference (Posters & Demos)*, volume 401, 2008. [cité p. 117]

[155] R Leenes, J Schallaböck, and M Hansen. Prime white paper, version 3. *PRIME Project*, 2008. [cité p. 117]

[156] D. Brickley and L. Miller. Foaf vocabulary specification 0.98. *Namespace document, FOAF Project (August 2010) http ://xmlns.com/foaf/spec/20100809.html*, 2010. [cité p. 118, 126]

[157] F. Dawson and T. Howes. vcard mime directory profile. Technical report, RFC 2426, September, 1998. [cité p. 118]

[158] R. Iannella. Representing vcard objects in rdf/xml. *Available via the World Wide Web at http ://www.w3.org/Submission/vcard-rdf/*, 12, 2001. [cité p. 118, 126]

[159] T.R. Gruber et al. A translation approach to portable ontology specifications. *Knowledge acquisition*, 5 :199–199, 1993. [cité p. 118]

[160] Ora Lassila, Ralph R Swick, et al. Resource description framework (rdf) model and syntax specification. 1998. [cité p. 119]

[161] Larry Masinter, Tim Berners-Lee, and Roy T Fielding. Uniform resource identifier (uri) : Generic syntax. 2005. [cité p. 119]

[162] J.J. Carroll, I. Dickinson, C. Dollin, D. Reynolds, A. Seaborne, and K. Wilkinson. Jena : implementing the semantic web recommendations. pages 74–83, 2004. [cité p. 122, 123]

[163] B. Motik, P.F. Patel-Schneider, B. Parsia, C. Bock, A. Fokoue, P. Haase, R. Hoekstra, I. Horrocks, A. Ruttenberg, U. Sattler, et al. OWL 2 web ontology language : Structural specification and functional-style syntax. *W3C Recommendation*, 27, 2009. [cité p. 123]

[164] What is protégé-owl ? *Available via the World Wide Web at http ://protege.stanford.edu/overview/protege-owl.html*. [cité p. 123]

[165] Jenarules. http ://hydrogen.informatik.tucottbus.de/wiki/index.php/JenaRules, 2008. [cité p. 124]

[166] Mircea Diaconescu. Jena rules examples. http ://hydrogen.informatik.tu-cottbus.de/wiki/index.php/Jena_Rules_Examples, 2008. [cité p. 124]

[167] E. Sirin, B. Parsia, B.C. Grau, A. Kalyanpur, and Y. Katz. Pellet : A practical owl-dl reasoner. *Web Semantics : science, services and agents on the World Wide Web*, 5(2) :51–53, 2007. [cité p. 125]

[168] Charles L. Forgy. Rete : A fast algorithm for the many pattern/many object pattern match problem. *Artificial Intelligence*, 19(1) :17–37, 1982. [cité p. 125]

[169] Androjena. Jena android porting. *Available via the World Wide Web at http ://code.google.com/p/androjena/*, 2010. [cité p. 127]

Annexe

Liste des 36 fonctions de la cartographie

Les 36 fonctions de la cartographie sont détaillées dans le fichier `detailsFonctions.xls` disponible à l'adresse suivante : http ://www.ecole.ensicaen.fr/ vincentj/cartographie/details-Fonctions.xls

Nous présentons quelques fonctions issues de ce document dans le détail dans la suite de l'annexe 1.

SP Identity Request				
Policy				
Function Id: SP15				
Action Id	Context	Actor	Security assumptions	Privacy assumptions
a1	The SP has received a request to access a service from a subject. The SP has an identity policy to access the service — IN	SP	Request for service	The subject that has requested the service is anonymous
	OUT	SP	A policy to access a service — The Request must convey the public identity of the SP (directed id).	The policy request should be unlinkable to the subject
	FUNCTION		Request the identity of the subject with the identity policy to #514.a1.	The policy request should contain SP's privacy policy
a2	The SP has received a request to access a service from a subject. The SP has an identity policy to access the service that require the identity to be attested by a specific IdP and will request it directly. — IN	SP	Request for service	The subject that has requested the service is anonymous
	OUT	SP	A policy to access a service — The Request must convey the public identity of the SP (directed id). The SP must authenticate the IdP	The policy request should be unlinkable to the subject
	FUNCTION		Request the identity of the subject with the identity policy to #f1.a3	The policy request should contain SP's privacy policy

FIGURE A.1 – Détail de la fonction : Identity Request Policy

Subject Privacy Engine					
Role Id : S16					
Action Id :					
	Context		Actor	Security assumptions	Privacy assumptions
a1	IN	The subject has been asked for a digital identity. The privacy engine checks that the identity requested does not threaten the privacy of the subject.	Subject	Requested policy for identity	The privacy engine should be implemented as a firewall between the application (typically an identity selector) and the identity data.	
	OUT		Subject	Notice about privacy protection		If the request is against the subject privacy policy or if no policy can be found, the subject consent is mandatory to disclose his identity.
	FUNCTION	Confront the identity requested with the subject privacy and propose			

FIGURE A.2 – Détail de la fonction : Subject Privacy Engine

Inquiry at SP
Role Id : SP2

Action Id:	Context		Actor		Security assumptions	Privacy Assumption
a1	The subject wants to access a service at the SP Side	IN	subject	Request for service		The subject must remain anonymous / The request must be unobservable / The request must be unlinkable
		OUT	SP	A request for policy.		
		FUNCTION		Route the request for policy to #SP15.a*		
a2	A subject redirects requests that are issued by the IdP to access a service.	IN	subject	Request for service + digital identity	The request is confidential. The request's integrity is assured.	The request must be unobservable / The request must be unlinkable
		OUT	SP	An access request with a digital identity.		
		FUNCTION		Route the request for policy to #SP22.a2		
a3	A subject requests an SP to end the service (log-out).	IN	subject	Log-out request	The request is confidential. The request's integrity is assured.	The request must be unobservable / The request must be unlinkable
		OUT	SP	Request to end service	The subject must have a security context at the SP	
		FUNCTION		Route the request to #SP35.a1		
a4	A subject requests an SP to withdraw his access right.	IN	subject	Request to withdraw some right attached to an Identity	The request is confidential. The request's integrity is assured.	The request must be unobservable / The request must be unlinkable
		OUT	SP	Verfied request to withdraw access rights	The subject must have a security context at the SP	
		FUNCTION		Route the request to #SP31.a1		
a5	A subject requests an SP for a SLO (single log out)	IN	subject	SLO request	The request is confidential. The request's integrity is assured.	The request must be unobservable / The request must be unlinkable
		OUT	SP	Request to end service and SLO	The subject must have a security context at the SP	
		FUNCTION		Route the request to #SP35.a2		
a6	An IdP requests an SP for a SLO (single log out)	IN	IdP	SLO request	The SP has authenticated the IdP. The subject must have a security context at the SP	The request must be unobservable / The request must be unlinkable
		OUT	SP	Request to end service and SLO		
		FUNCTION		Route the request to #SP35.a3		

FIGURE A.3 – Détail de la fonction : Request to SP

Action Id:	Context		Actor		Security assumptions	Privacy assumptions
a1	The request for identity needs derivation to match the requested policy or to protext privacy.	IN	Subject	Rules for derivation + Selected identity	The selected claims and the rules are confidentials.	The selected claims and the rules are confidentials.
		OUT	Subject	Derived identity		The derived claims are compliant with the policy request made by the SP.
						The derived identity provide minimum disclosure of information.
		FUNCTION		Provide a derived identity matching the policy request and respecting the privacy to		
a2	The request for identity needs derivation to match the requested policy.	IN	IdP	Presentation of the claims the IdP can derive in the selected identity.		The presentation is confidential
			Subject	Selection of claims that need derivation.	The selected claims and the rules are confidentials.	The selected claims and the rules are confidentials.
		OUT	IdP	Derived identity		The derived claims are compliant with the policy request made by the SP.
						The derived identity provide minimum disclosure of information.
		FUNCTION		Provide a derived identity matching the policy request and respecting the privacy to		

Derive Identity Claims
Role Id : rS18

FIGURE A.4 – Détail de la fonction : Derive Identity Claims

Ontologie de l'identité numérique sur smartphone

L'ontologie OWL utilisée pour protéger la vie privée des utilisateurs peut être visible à l'adresse suivante : http ://www.ecole.ensicaen.fr/ vincentj/owl/id.owl.

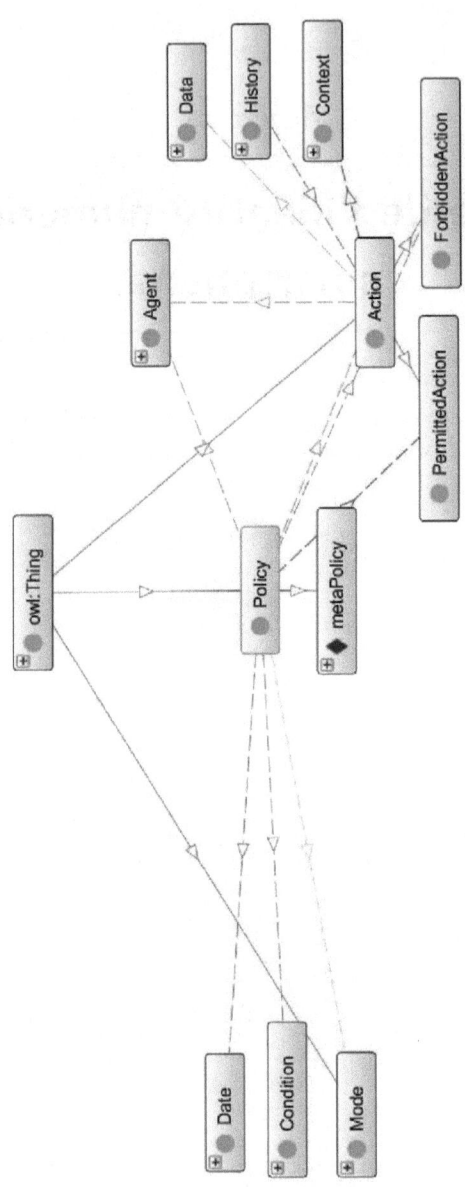

FIGURE B.1 – Visualisation des concepts principaux de l'ontologie dans Protégé

Liste des abréviations

SIM	Subscriber Identity Module
SGI	Système de gestion d'identités
PIN	Personal Identification Number
$NIST$	National Institute of Standards and Technology
$ANSSI$	Agence Nationale de la Sécurité des Systèmes d'Information
$CNIL$	Commission Nationale Informatique et Libertés
MAC	Message Authentication Code
$P3P$	Platform for Privacy Preferences
SP	Service Provider
IdP	Identity Provider
TLS	Transport Layer Security
$HTTP$	HyperText Transfer Protocol
$HTTPS$	HyperText Transfer Protocol Secure
SSO	Single Sign-On
$SAML$	Security Assertion Markup Language
XML	eXtensible Markup Language
URL	Uniform Resource Locator
URI	Uniform Resource Identifier
API	Application Programming Interface
$SOAP$	Simple Object Access Protocol
GSM	Global System for Mobile Communications
$IMEI$	International Mobile Equipment Identity
$IMSI$	International Mobile Subscriber Identity
HLR	Home Location Register
$UMTS$	Universal Mobile Telecommunications System
NFC	Near Field Communication
$APDU$	Application Protocol Data Unit
$WSDL$	Web Services Description Language
TTL	Time To Live

Table des figures

1.1 Représentation de l'identité en ligne 10
1.2 Classification des revendications [4] 11
1.3 Représentation des types d'identités 12

2.1 Modèle de gestion isolée 23
2.2 Modèle de gestion avec une identité commune 23
2.3 Infrastructure de gestion de clés 25
2.4 Modèle de gestion avec une meta-identité 26
2.5 Modèle de gestion fédérée d'identités 26
2.6 Le méta-système d'identité (source : [4]) 29
2.7 Schéma des flux OpenID 31
2.8 Schéma des flux Oauth 33
2.9 Schéma SSO avec un démarrage chez le SP et une redirection POST (source : [57]) 34
2.10 Le profil SSO ECP (source : [57]) 35
2.11 Le profil SLO (source : [57]) 36
2.12 Fédération d'identités "out of band" (source : [57]) 37
2.13 Fédération d'identités à l'aide de pseudonymes persistants (source : [57]) 38
2.14 Fédération d'identités à l'aide de pseudonymes temporaires (source : [57]) 39
2.15 Schéma issu des spécifications WS-trust 1.3 [76] 41

3.1 Détail de la fonction "Contrôle de l'identité" 54
3.2 Les 36 fonctions de la cartographie complète 55
3.3 Détail de la fonction "Contrôle de l'identité" 58
3.4 Représentation récursive avec la cartographie 58
3.5 Mapping du protocole OpenId sur la cartographie 60
3.6 Récapitulatif de l'analyse des hypothèses de sécurité dans OpenId 62
3.7 Récapitulatif de l'analyse des hypothèses de protection de la vie privée dans OpenId 63
3.8 Mapping du protocole Oauth sur la cartographie 64
3.9 Récapitulatif de l'analyse des hypothèses de sécurité dans OAuth 66
3.10 Récapitulatif de l'analyse des hypothèses de protection de la vie privée dans OAuth 67

3.11 Mapping du profil Web SSO proposé par Shibboleth sur la cartographie 69

3.12 Récapitulatif de l'analyse des hypothèses de sécurité de Shibboleth 71

3.13 Récapitulatif de l'analyse des hypothèses de protection de la vie privée de Shibboleth 72

3.14 Mapping d'Infocard basé sur WS-* sur la cartographie 73

3.15 Récapitulatif de l'analyse des hypothèses de sécurité d'Inforcard 74

3.16 Récapitulatif de l'analyse des hypothèses de protection de la vie privée d'Infocard . 75

3.17 Mapping de U-prove sur la cartographie 77

3.18 Récapitulatif de l'analyse des hypothèses de sécurité de U-prove 78

3.19 Récapitulatif de l'analyse des hypothèses de protection de la vie privée de U-prove . 79

3.20 Récapitulatif de l'analyse des hypothèses de sécurité pour les principaux SGI 81

3.21 Récapitulatif de l'analyse des hypothèses de protection de la vie privée pour les principaux SGI 82

4.1 Architecture de gestion d'identités proposée 87

4.2 Fonctionnalités du fournisseur de services 88

4.3 Exemple de politique du service 89

4.4 Fonctionnalités du sélecteur d'identités 91

4.5 Illustration du concept de zone d'exécution de confiance 92

4.6 Récapitulatif de l'analyse des hypothèses de sécurité de notre SGI 97

4.7 Récapitulatif de l'analyse des hypothèses de protection de la vie privée de notre SGI 98

4.8 Positionnement de la proposition en terme de sécurité par rapport aux autres solutions 99

4.9 Positionnement de la proposition en terme de protection de la vie privée par rapport aux autres solutions 100

4.10 Vue générale du système 101

4.11 Diagramme de séquence du service Web 102

4.12 Application de sélection d'identité 103

5.1 Exemple de manifeste permettant le suivi des SMS 112

5.2 Présentation du manifeste à l'utilisateur 112

5.3 Architecture du système Android [143] 113

5.4 Protection des contacts dans TISSA (source : [147]) 116

5.5 Pile des standards du Web sémantique 119

5.6 Architecture d'aide à la décision basée sur les ontologies 123

5.7 Le concept de Policy et ses relations avec les autres concepts dans Protégé (représentation ontoGraph) 124

5.8 Exemple de règle utilisant la syntaxe Jena Rules 125

5.9 Ontologie pour la représentation de politiques 127

5.10 Règle pour empêcher l'accès à l'adresse mail de l'utilisateur 127

5.11 Règle pour empêcher l'accès à la géolocalisation 128

5.12 Application pare-feu sur Android 131

5.13 Algorithme implémenté par le gestionnaire de décision 132

5.14 Architecture distribuée de protection de la vie privée sur Android 133

5.15 Extrait du fichier Android.mk utilisé 134
5.16 Extrait du fichierLocationManager.java 134
5.17 Architecture Android modifiée 135

A.1 Détail de la fonction : Identity Request Policy 158
A.2 Détail de la fonction : Subject Privacy Engine 159
A.3 Détail de la fonction : Request to SP 160
A.4 Détail de la fonction : Derive Identity Claims 161

B.1 Visualisation des concepts principaux de l'ontologie dans Protégé 164

Liste des tableaux

3.1 Cartographie synthétisée 52

3.2 Hypothèses de sécurité et de protection de la vie privée 56

3.3 Récapitulatif des scores pour les SGI étudiés 80

4.1 Structure d'une C-APDU 94

4.2 Structure d'une R-APDU 95

4.3 Tableau des dérivations possibles 96

4.4 Récapitulatif des scores pour les SGI étudiés 97

4.5 Tableau des instructions possibles 104

5.1 Temps (ms) d'exécution de l'application 135

5.2 Temps (ms) d'exécution de l'application 136

5.3 Échanges de données entre le smartphone et le serveur 136

Avec l'avènement des réseaux électroniques et en particulier d'Internet, de plus en plus de nouveaux services sont apparus. Il est désormais possible de faire ses achats en ligne, de consulter ses comptes en banque, de partager des informations sur les réseaux sociaux ou encore d'héberger ses documents et programmes sur des services sécurisés, les fameux "clouds"... Tous ces services ont conduit à se poser la question d'avec qui ou quoi nous communiquons. Pour répondre à cette interrogation, un nouveau terme, identité numérique a été proposé. Cette identité numérique constitue un enjeu majeur pour un certain nombre d'acteurs et en particulier pour un opérateur de télécommunications.

Dans cette thèse, nous proposons d'aborder l'identité numérique en nous intéressant aux deux problématiques que sont la sécurité et la protection de la vie privée. Pour cela, trois contributions sont détaillées à commencer par une méthode d'analyse des systèmes de gestion d'identités (SGI) basée sur une cartographie des acteurs et des fonctions de la gestion d'identités. Nous montrons comment cette dernière peut permettre d'évaluer un système de gestion d'identité vis à vis des deux problématiques. À partir des évaluations réalisées, nous proposons ensuite une deuxième contribution sous la forme d'un système de gestion d'identités novateur centré sur l'utilisateur. Celui-ci met à profit des technologies comme Android, les services Web et les cartes à puces. Enfin, nous proposons un pare-feu sémantique qui protège la vie privée des utilisateurs de smartphone Android en se basant sur des ontologies.

Digital Identity for a Telecom Operator

With the advent of electronic networks and particularly the Internet, new services have appeared. Nowadays, it is possible to shop online, consult bank accounts, share information on social networks or to host documents and programs on cloud platforms... With such services, the need to know who or what you are communicating with has become mandatory. To address this issue, the concept of digital identity has been proposed and has become a major challenge, in particular for telecommunication operators.

In this thesis, two issues for digital identity are addressed : security and privacy protection; resulting in three major propositions. First, an analysis method for identity management systems (IMS) based on a cartography of actors and functions is presented. This method allows the representation of IMS and their comparison. The analysis method is used as a prerequisite to a new identity management system which has been developed using technologies such as Android, Web services and smartcards. The last contribution consists in a semantic firewall developed as an Android modification that makes use of OWL ontologies and semantic reasoners to prevent applications from accessing private data.

Indexation Rameau : Identité numérique, Systèmes informatiques–Mesures de sûreté, Vie privée – protection, Services mobiles de données, Protection de l'information (informatique), Ontologies (informatique)
Indexation libre : Politiques de protection de la vie privée

Spécialité Informatique et applications

Laboratoire GREYC - UMR CNRS 6072 - Université de Caen Basse-Normandie - Ensicaen
6 Boulevard du Maréchal Juin - 14050 CAEN CEDEX

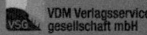

Zeitfracht Medien GmbH
Ferdinand-Jühlke-Straße 7
99095 Erfurt, Deutschland
produktsicherheit@kolibri360.de

Druck:
CPI Druckdienstleistungen GmbH
im Auftrag der
Zeitfracht Medien GmbH
Ein Unternehmen der Zeitfracht - Gruppe
Ferdinand-Jühlke-Str. 7
99095 Erfurt